HOCHSCHULE
FÜR ÖFFENTLICHE
VERWALTUNG KEHL

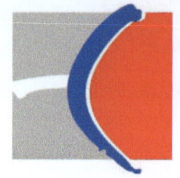

Die risikoorientierte Prüfungsplanung am Beispiel des Rechnungsprüfungsamts der Stadt Achern

2017

von

Philipp Stöckel

Bibliografische Information der Deutschen Nationalbibliothek:

Die Deutsche Nationalbibliothek verzeichnet diese Publikation in der Deutschen Nationalbibliografie; detaillierte bibliografische Daten sind im Internet über http://dnb.dnb.de abrufbar.

Herstellung und Verlag:

BoD – Books on Demand, Norderstedt

ISBN: 9783749485499

Inhaltsverzeichnis

Abbildungsverzeichnis III

Tabellenverzeichnis.. IV

Abkürzungsverzeichnis... V

1. Einleitung 1

   1.1 Gründe für die Themenwahl.. 1

   1.2 Aktualität des Themas 1

   1.3 Zielsetzung 2

   1.4 Aufbau der Arbeit 2

2. Grundlagen der kommunalen Rechnungsprüfung..................... 4

   2.1 Aufgaben eines Rechnungsprüfungsamts........................... 4

   2.2 Unabhängigkeit und Weisungsfreiheit...............................5

   2.3 Prüfungsansätze... 6

   2.4 Prüfungszeitpunkt...7

   2.5 Prüfungsmethoden... 8

   2.6 Risikobetrachtung der Rechnungsprüfung.......................... 9

      2.6.1 Risikobeschreibung 9

      2.6.2 Risikoorientierung 9

3. Die risikoorientierte Prüfungsplanung.................................... 11

   3.1 Prüfungsplanung.. 11

   3.2 Prozess zum Aufbau einer risikoorientierten Prüfungsplanung... 11

      3.2.1 Aufbau der Prüfungslandkarte 13

      3.2.2 Auswahl der Risikokriterien 15

      3.2.3 Skalenfestlegung der Risikokriterien........................... 17

      3.2.4 Beschreibung der Skalenwerte 19

      3.2.5 Festlegung der Gewichtung der Risikokriterien...........20

3.2.6 Die Ermittlung der Risikokennzahl 21

3.3 Planungs- und Betrachtungszeiträume 22

3.3.1 Die Mehrjahresprüfungsplanung 22

3.3.2 Die Jahresprüfungsplanung 25

3.3.3 Die Einzelprüfungsplanung 30

3.4 Fragebogen zur risikoorientierten Prüfungsplanung 31

4. Praxismodell: Einführung einer risikoorientierten
Prüfungsplanung am Beispiel des RPAs der Stadt Achern 34

4.1 Die große Kreisstadt Achern 34

4.2 Die risikoorientierte Prüfungsplanung 35

4.2.1 Die Prüfungslandkarte der Stadt Achern 35

4.2.2 Auswahl der Risikokriterien 37

4.2.3 Skalenfestlegung 42

4.2.4 Beschreibung der Skalenwerte 43

4.2.5 Gewichtung der Risikokriterien 52

4.3 Mögliche Prüfungslandkarte für das RPA der Stadt Achern. 55

5. Schlussbetrachtung 55

Literaturverzeichnis VII

Anlagenverzeichnis XI

Abbildungsverzeichnis

Abbildung 1: Prüfungsgrundlagen und die Prüfungsplanung 4

Abbildung 2: Aufbau einer Risikoorientierten Prüfungsplanung....12

Abbildung 3: Darstellung einer Mehrjahresprüfungsplanung 25

Abbildung 4: Entwicklungsprozess der Einzelprüfungen...............31

Abbildung 5: Verbreitung der risikoorientierten Prüfungsplanung 32

Abbildung 6: Häufigkeitsverteilung der Risikokriterien (in Prozent)
....33

Abbildung 7: Aufbau der Prüfungslandkarte für das RPA Achern ..36

Abbildung 8: Risikokriterien des RPAs Achern 38

Tabellenverzeichnis

Tabelle 1: Auflistung der Risikokriterien 15

Tabelle 2: Beispielhafte Skalenbeschreibung 20

Tabelle 3: Beispielhafte Gewichtung von Risikokriterien 21

Tabelle 4: Risikowertberechnung anhand eines fiktiven Prüffeldes 22

Tabelle 5: Musterbeispiel Prüfungsturnusplanung (fünfjährig) 24

Tabelle 6: Beispielhafte Berechnung der Prüfkapazitäten 29

Tabelle 7: Zustand des Internen Kontrollsystems 44

Tabelle 8: Finanzvolumen 46

Tabelle 9: Komplexität des Prüffeldes 48

Tabelle 10: Personal-, Organisations- und Prozessveränderungen 49

Tabelle 11: Ergänzungskriterium 50

Tabelle 12: Gewichtung der Kriterien bei der Stadt Achern 53

Abkürzungsverzeichnis

Abs.	Absatz
ArGe	Arbeitsgemeinschaft der Leiter und Leiterinnen der Rechnungsprüfungsämter in den Regierungsbezirken Freiburg und Karlsruhe
Aufl.	Auflage
BMI	Bundesministerium des Innern
bspw.	beispielsweise
BW	Baden-Württemberg
bzw.	beziehungsweise
etc.	et cetera
evtl.	eventuell
GemO	Gemeindeordnung BW
GemPrO	Gemeindeprüfungsordnung BW
GemPrO-E	Gemeindeprüfungsordnung Entwurf BW
Hrsg.	Herausgeber
IDR	Institut der Rechnungsprüfer
IKG biet	Interkommunales Gewerbegebiet
IKS	Internes Kontrollsystem
IM	Innenministerium
KGSt	Kommunale Gemeinschaftsstelle für Verwaltungsmanagement
NKHR	Neues Kommunales Haushalts- und Rechnungswesen

NSM	Neues Steuerungsmodell
S.	Seite
RPA	Rechnungsprüfungsamt
RPÄ	Rechnungsprüfungsämter
vgl.	vergleiche
z.B.	zum Beispiel

1. Einleitung

1.1 Gründe für die Themenwahl

Die Bedeutung der Rechnungsprüfungsämter (RPÄ) für die Kommunen ist im Laufe der Zeit durch Reformanlässe wie das Neue Steuerungsmodell (NSM) und das Neue Kommunale Haushalts- und Rechnungswesen (NKHR) deutlich gestiegen. Die RPÄ prüfen nicht mehr nur im Nachhinein, sondern analysieren ex-ante die Verwaltungsabläufe, sind begleitend an Projekten und Veränderungsprozessen beteiligt und tragen dadurch zur Verbesserung des Verwaltungshandelns bei. „Rechnungsprüfungsämter werden so zu unverzichtbaren sachverständigen Gutachtern für politische Entscheidungsorgane".[1]

Obwohl die RPÄ eine wichtige Rolle in den Verwaltungen spielen, wird der Aufgabenkomplex der örtlichen Prüfung an der Hochschule in Kehl nur am Rande betrachtet. Dies ist natürlich der Tatsache geschuldet, dass das Rechnungsprüfungsamt (RPA) das Verwaltungshandeln prüft und die unterschiedlichen Verwaltungsbereiche originär an der Hochschule gelehrt werden. Die Auswahl eines Themas im Bereich der Rechnungsprüfung ermöglicht einen vertiefenden Einblick in den spannenden und bis dahin für Studenten des Studiengangs „Public Management" eher unbekannten Bereich der kommunalen Finanzkontrolle.

1.2 Aktualität des Themas

Mit der „Risikoorientierten Prüfungsplanung" wurde eine Thematik ausgewählt, zu der es momentan auf kommunaler Ebene kaum Literatur und wenig Praxismodelle gibt. Dennoch liegt dem Thema aktuell ein großes Interesse zugrunde, wie die Anfrage zu einem Tagungsvortrag zu der Bachelorarbeit durch die Arbeitsgemeinschaft der Leiter und Leiterinnen der RPÄ in den Regierungsbezirken Freiburg und Karlsruhe (ArGe) am 8. April 2017 in Mühlacker zeigt. Dort wurden grundlegende Anwendungsmöglichkeiten einer

---

[1] KGSt-Bericht 9/2002 S.9

risikoorientierte Prüfungsplanung besprochen sowie das Vorgehen der vorliegenden Arbeit vorgestellt. Darüber hinaus spiegelt sich die Aktualität darin wider, dass Herr Prof. Dr. Christian Erdmann im August 2017 bei den 17. Bundesprüfertagen zu diesem Thema referierte. Außerdem befindet sich die für RPÄ geltende Gemeindeprüfungsordnung (GemPrO) vor einer Erneuerung. Am Änderungsprozess war unter anderem die ArGe der RPÄ beteiligt und hat eine Stellungnahme zum Entwurf der Verordnung an das Innenministerium abgegeben. Ein wesentlicher Bestandteil der Neufassung soll der Ansatz einer Risikoorientierung bei der Prüfung und Prüfungsplanung werden.

1.3 Zielsetzung

Die personellen Ressourcen in den RPÄ sind oftmals begrenzt.[2] Demgegenüber steht eine große Auswahl an Prüffeldern, die alle in regelmäßigen Abständen vertieft geprüft werden müssen. Es geht darum in einer mehrjährigen Prüfungsplanung festzulegen, wann und wo die Prüfungen am sinnvollsten durchgeführt werden sollen. Die risikoorientierte Prüfungsplanung unterstützt hierbei die Auswahl der richtigen Prüffelder, um prüfungsfreie Räume zu vermeiden.[3] Anhand bestimmter Kriterien werden die Aufgabenbereiche der Verwaltung auf ihr inhärentes Risiko bewertet und anschließend in eine Risikorangfolge gebracht. Die Zielsetzung dieser Arbeit besteht darin, die theoretischen Grundlagen einer risikoorientierten Prüfungsplanung darzulegen sowie diese am Beispiel des RPAs der Großen Kreisstadt Achern in die Praxis umzusetzen.

1.4 Aufbau der Arbeit

Die vorliegende Arbeit beschreibt zunächst die Grundlagen der kommunalen Rechnungsprüfung. Im Anschluss daran wird anhand

---

[2] IDR und Gemeinsame Arbeitsgruppe „Fortbildungskonzept" (2014): S.23;

Rechnungswesen und Controlling, Looseblattwerk (Stand August 2017): S.1083

[3] Erdmann, C. (2014): S.1; Richter, M. (2011): S.3

verschiedener theoretischer Ansätze erläutert, wie eine mehrjährige Prüfungsplanung durch eine Risikoorientierung verbessert werden kann. Bei den Grundlagen werden die Arbeitsschritte und Aspekte zur Erstellung einer Prüfungslandkarte strukturiert dargestellt. Entscheidend sind hierbei die Auswahl der Risikokriterien und deren Gewichtung. Die Risikorangfolge, die sich aus der Bewertung der Prüfungslandkarte ergibt, wird in eine Mehrjahresprüfungsplanung überführt, aus welcher dann die Jahresprüfungsplanung entsteht. Als Hintergrundinformation werden dem Praxisteil allgemeine Informationen zur Stadtverwaltung Achern und dem örtlichen RPA vorangestellt. Die zunächst grundlegende Aufgabe ist die Diskussion um den Aufbau der Prüfungslandkarte. Hierbei werden verschiedene Möglichkeiten erörtert. Die zentrale Aufgabe des praktischen Teils ist die Auswahl der spezifischen Kriterien zur Beurteilung des Risikos der Prüffelder und die dazugehörige Definition der Merkmale. Dies stellt zugleich den größten Teil im Praxisabschnitt der vorliegenden Arbeit dar. Die Definition der Einordnungsmerkmale ist notwendig, damit die Prüffelder so objektiv wie möglich einem bestimmten Risikowert zugeordnet werden können. Außerdem wurde ein Fragebogen an die RPÄ in Baden-Württemberg verschickt. Zweck dieses Fragebogens war vor allem herauszufinden, wie der Stand der Umsetzung einer risikoorientierten Prüfungsplanung in der Praxis ist und welche Risikokriterien in der Praxis als sinnvoll angesehen werden.

2. Grundlagen der kommunalen Rechnungsprüfung

Folgend werden die rechtlichen Grundlagen und Aufgaben eines RPAs erläutert. Des Weiteren werden unterschiedliche Prüfungsansätze und Methoden im Wandel der Zeit dargestellt. Diese Grundlagen sind zunächst von der risikoorientierten Beurteilung der Prüffelder losgelöst zu betrachten. Sie sind jedoch bei der späteren Konkretisierung der Prüfthemen von grundlegender Bedeutung (vgl. Punkt 3.3.3).

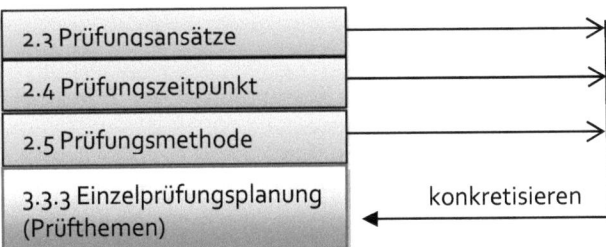

Abbildung 1: Prüfungsgrundlagen und die Prüfungsplanung

Zum Schluss dieses Kapitels wird aufgezeigt, inwiefern die Risikoorientierung eine wichtige Rolle bei der Aufgabenerledigung der RPÄ spielt.

2.1 Aufgaben eines Rechnungsprüfungsamts

Den RPÄ in Baden-Württemberg sind verschiedene gesetzliche Prüfungsaufgaben zugewiesen. Zu den Pflichtprüfungen gehören die Prüfung des Jahresabschlusses und des Gesamtabschlusses der Gemeinde nach § 110 GemO sowie der Eigenbetriebe und Sonder- und Treuhandvermögen nach § 111 GemO.[4] Darüber hinaus sind die laufenden Prüfungen der Kassenvorgänge (§ 112 Abs.1 Nr.1 GemO)

---

[4] Kunze/Bronner/Katz (2016): Rn.3 zu § 110

und die Kassenüberwachung (§ 112 Abs.1 Nr.2) weitere Pflichtaufgaben.[5]

Im Gegensatz zu anderen Bundesländern, ist den RPÄ in BW lediglich ein beschränkter Katalog an gesetzlichen Pflichtprüfungsaufgaben zugeordnet. Um das Aufgabengebiet zu erweitern, kann der Gemeinderat gemäß § 112 Abs. 2 GemO dem RPA weitere Prüfungsaufgaben auf Dauer übertragen.[6] Ob und gegebenenfalls welche davon wahrgenommen werden, liegt im pflichtgemäßen Ermessen des Gemeinderates. In § 112 Abs. 2 GemO werden beispielhaft einige Aufgaben, die zur Übertragung in Betracht kommen, aufgezeigt. Dazu gehören die Prüfung der Organisation und Wirtschaftlichkeit der Verwaltung, die Prüfung der Ausschreibungsunterlagen und des Vergabeverfahren, Betätigungsprüfungen sowie die Buch-, Betriebs- und Kassenprüfung von Beteiligungen, Vereinen, Zweckverbänden etc.[7]

2.2 Unabhängigkeit und Weisungsfreiheit

Gemäß § 109 Abs. 2 GemO ist das RPA bei der Erfüllung der ihm zugewiesenen Prüfungsaufgaben unabhängig und weisungsfrei. Diese Grundlagen räumen dem RPA bei der Prüfungstätigkeit eine besondere Stellung ein.[8] Würde die Prüfung und die Prüfungsplanung abhängig und unter Anweisung Dritter entstehen, wäre die notwendige Voraussetzung, dass die Prüfungsergebnisse und die daraus definierten Verbesserungsvorschläge angenommen werden, nicht gegeben.[9] Weisungsfreiheit bedeutet, dass das RPA die Aufgaben und die Prüfungsplanung in eigenständiger Verantwortung erledigt bzw. aufstellt und keine externen Einschränkungen für die Untersuchung von Prüffeldern auferlegt bekommen kann. Ein

---

[5] Ade, K. et. al (2011): Rn.1379; Kunze/Bronner/Katz (2016): Rn.1 zu § 112

[6] KGSt-Bericht 9/2002: S.13; Ade,K. et al. (2011): Rn.1434

[7] Kunze/Bronner/Katz (2016): Rn.17 zu §112; Ade, K. et al. (2011): Rn.1434

[8] Arbeitsgemeinschaft der Rechnungsprüfungsämter in Hessen (2001): S.3

[9] IDR und Gemeinsame Arbeitsgruppe „Fortbildungskonzept" (2014): S.22

RPA kann allerdings auch keine Weisungen an andere Organisationseinheiten erteilen.

2.3 Prüfungsansätze

Die Prüfungen der RPÄ können unter verschiedenen Aspekten erfolgen. Ein wichtiger Prüfgrundsatz ist die Ordnungs- und Rechtmäßigkeit des Verwaltungshandelns.[10] Die Ordnungs- und Rechtmäßigkeit beurteilt sich danach, ob eine Aufgabe vollständig und rechnerisch nachvollziehbar durchgeführt wird und dabei die für eine Kommune einschlägigen Gesetze und Regelungen beachtet wurden. Obwohl dieser Grundsatz weiterhin eine unverzichtbare Handlungsgrundlage für die Verwaltung darstellt, gewinnen die Maßstäbe der Wirtschaftlichkeit und Zweckmäßigkeit aufgrund ihres höheren Nutzenpotenzials immer mehr an Bedeutung.[11]

Eine zentrale Ursache für den Bedeutungsgewinn von Wirtschaftlichkeitsprüfungen ist die teilweise schwache Ertragskraft der Kommunen.[12] Je schwächer die Ertragskraft der Kommunen und die daraus resultierende finanzielle Situation der öffentlichen Haushalte ist, umso wichtiger wird es, das Augenmerk auf die Wirtschaftlichkeit zu legen.[13] „Das Ziel der Wirtschaftlichkeitsprüfung ist es Verbesserungsmöglichkeiten aufzuzeigen und dazu beizutragen, dass die Leistungsfähigkeit einer Kommune erhöht wird."[14]

Im Zuge der Haushaltsreformen gewinnt zusätzlich der (neue) Maßstab der Zweckmäßigkeit, der durch Wirkungsprüfungen verfolgt wird, an Bedeutung. Neben der Qualität und Quantität der bereitgestellten öffentlichen Leistungen (=Output) wird darüber hinaus geprüft, ob die vereinbarten Wirkungsziele erfüllt wurden

---

[10] Ade, K. et al. (2011): Rn.1372

[11] KGSt-Bericht 9/2002 S.19; Donle, M./Richter, M. (2006): S.213

[12] Gemeindetag Baden-Württemberg: Pressemitteilung vom 7.8.2015

[13] IDR und Gemeinsame Arbeitsgruppe „Fortbildungskonzept" (2014): S.25

[14] Sächsischer Rechnungshof (2004): S.18

6

und inwieweit die Erreichung der Ziele auf die erbrachten Leistungen zurückzuführen sind (Impact, Outcome).[15]

2.4 Prüfungszeitpunkt

Ein weiterer Aspekt der kommunalen Rechnungsprüfung ist der Zeitpunkt einer Prüfung. Hierbei wird zwischen der ex-post Prüfung (Nachvollziehen von bereits abgeschlossenen Verwaltungsabläufen) und der ex-ante Prüfung (begleitende Prüfung) unterschieden.[16] Im Gegensatz zu der klassischen Prüfung im Nachhinein, ist das RPA bei der begleitenden Prüfung bereits im laufenden Vorgang beratend eingebunden. Das Ziel ist es hierbei darauf hinzuwirken, dass Fehler im Vorhinein verhindert werden (Präventivfunktion). Feststellungen bzw. Empfehlungen der örtlichen Prüfung können dadurch bereits im laufenden Verfahren eingebracht und umgesetzt werden.[17] In den letzten Jahren ist ein Veränderungsprozess deutlich erkennbar. In den RPÄ spielen ex-ante Prüfungen eine immer größer werdende Rolle. Je früher das RPA beteiligt ist, desto größer sind die Eingriffsmöglichkeiten um erkannte Fehler frühzeitig zu korrigieren. Somit gilt: „Je eher der Prüfungszeitpunkt liegt, desto größer ist der Nutzen einer Prüfung".[18] Wirkungsvolle Einsatzbereiche der ex-ante Prüfung sind z.B. die Begleitung von Baumaßnahmen[19] oder die Umstellung auf das NKHR. Zusammenfassend bedeutet dies, dass das moderne RPA nicht mehr ausschließlich von der nachgehenden Fehlersuche geprägt ist, sondern vor allem das Ziel verfolgt, von vornherein konstruktiv an der Optimierung der Verwaltungsleistung mitzuwirken.[20]

Hierbei stellt sich die Frage, ob überhaupt ein RPA benötigt wird, falls ein Controlling in der Verwaltung vorhanden ist. Der zentrale

---

[15] IDR und Gemeinsame Arbeitsgruppe „Fortbildungskonzept" (2014): S.26

[16] Donle, M./Richter, M. (2006): S.214

[17] Arbeitsgemeinschaft der Rechnungsprüfungsämter in Hessen (2001): S.9

[18] IDR und Gemeinsame Arbeitsgruppe „Fortbildungskonzept" (2014): S.27

[19] KGSt-Bericht 9/2002 S.22

[20] KGSt-Bericht 2/1997 S.11

Unterschied zwischen Controlling und dem ex-ante-Ansatz liegt in der Betrachtungsperspektive. Das Controlling unterstützt die kommunale Führungsebene indem deren Entscheidungen, durch die Aufbereitung von Daten (in Kennzahlen), vorbereitet werden. Das Augenmerk ist hierbei zukunftsorientiert auf die Erreichung der kommunalen Ziele gerichtet (Effektivität). Das RPA hat dahingegen nicht nur die Zielerreichung, sondern vor allem die ordnungsgemäße Einhaltung von Gesetzen, Beschlüsse und Regelungen (Compliance) sowie eine möglichst wirtschaftliche Aufgabenerfüllung der Kommune zum Ziel (Effizienz). Die Betrachtungsperspektive liegt im Gegensatz zum Controlling nicht in der Zukunft, sondern entweder in der Vergangenheit oder in der Gegenwart. Idealerweise kann die Prüfung an den vom Controlling aufbereiteten Daten anknüpfen.

2.5 Prüfungsmethoden

Bei der Prüfungsplanung gilt es zudem zu entscheiden, in welchem Umfang eine Prüfung durchgeführt werden soll. Der Wandel geht hier von den Einzelprüfungen zu den ganzheitlichen Systemprüfungen.[21] Bei Einzelfallprüfungen werden lediglich einzelne Arbeitsprozesse innerhalb von Systemabläufen betrachtet. Hierbei wird sich überwiegend auf die Differenz zwischen Ist- und Sollvorgaben (=Fehler) beschränkt.[22] Nach dem Verständnis der Systemprüfung sollen darüber hinaus die Ursachen der Fehler gesucht und mit Empfehlungen verknüpft werden, wie diese künftig vermieden werden können. Beispielhaft aufgeführt bedeutet dies, „dass nicht ein einzelner Beleg sowie dessen haushaltsrechtliche Behandlung, sondern zusätzlich der Verwaltungsprozess, der zur Erstellung des Belegs führt, im Kontext des Gesamtgeschehens geprüft wird".[23]

---

[21] Donle, M./Richter, M. (2006): S.214

[22] IDR und Gemeinsame Arbeitsgruppe „Fortbildungskonzept" (2014): S.24

[23] Arbeitsgemeinschaft der Rechnungsprüfungsämter in Hessen (2001): S.9

2.6 Risikobetrachtung der Rechnungsprüfung

2.6.1 Risikobeschreibung

Ein Risiko entsteht immer dann, wenn die Erreichung der Ziele durch bestimmte Gegebenheiten gefährdet wird. Als oberster Haushaltsgrundsatz und somit als oberstes Ziel ist die stetige Aufgabenerfüllung der Kommune in der GemO kodifiziert.[24] Gemäß § 77 Abs.1 S.1 GemO ist die Haushaltswirtschaft so zu planen und zu führen, dass die stetige Erfüllung der Aufgaben gesichert ist. Das finanzielle Risiko der öffentlichen Verwaltung bezieht sich nun darauf, dass die Kommune aufgrund fehlender Leistungsfähigkeit nicht in der Lage sein wird, ihre Aufgaben dauerhaft zu erfüllen.[25] Ein finanzielles Risiko kann sich z.b. durch den Verstoß gegen Gesetze oder Regelungen wie beispielsweise geltender Haushaltsregeln (z.b. Grundsatz der Wirtschaftlichkeit und Sparsamkeit gemäß § 77 Abs. 2 GemO) oder doloser Handlungen ergeben.[26]

2.6.2 Risikoorientierung

Chancen und Risiken spielen generell im NKHR eine größere Rolle und müssen in den doppischen Jahresabschlüssen der Verwaltung beurteilt werden. Die Risikoorientierung wird zukünftig verstärkt zu den Grundlagen der Rechnungsprüfung zählen, da sie Bestandteil des Entwurfs der neuen Änderung der Gemeindeprüfungsordnung (GemPrO-E) ist. Die Umstellung des kommunalen Haushalts- und Rechnungswesen auf die kommunale Doppik macht eine Änderung der Verordnung des Innenministeriums über das kommunale Prüfungswesen erforderlich.[27] Zukünftig weist die Gemeindeprüfungsordnung (GemPrO) daraufhin, dass bei der Prüfung nach Schwierigkeit und wirtschaftlicher Bedeutung sowie <u>unter Berücksichti-</u>

---

[24] Beck, Böhmer, Brettschneider u.a. (2016): S.156

[25] Schwarting, G. (2006): S.233; KGSt-Bericht 5/2011: S.12

[26] Bundesrechnungshof (2008): S.11

[27] Gesetzesbegründung zur Neufassung der GemPrO: A: Allgemeiner Teil

gung der Risikoaspekte der einzelnen Prüfungsgebiete Schwerpunkte gebildet werden können (§ 3 Abs.1 GemPrO-E). Die Ursache dafür ist, dass sich das Aufgabenspektrum der örtlichen Prüfung vor dem Hintergrund des NKHRs und der Einführung der doppischen Buchführung erweitert hat. Dies ist vor allem am Drei-Komponenten-Modell ersichtlich. Allein dessen Einführung und die Pflicht zur Prüfung der Bestandteile Ergebnisrechnung, Finanzrechnung und Bilanz gestalten die Prüfungsaufgaben im NKHR gegenüber der Kameralistik komplexer und vor allem umfangreicher.

Da in der Regel aufgrund der begrenzten Personal- und Zeitkapazitäten in den RPÄ keine vollständige Prüfung der Verwaltung erfolgen kann, muss im Rahmen der Prüfung eine Beschränkung auf die hauptsächlichen Vorgänge erfolgen (Risikoorientierung).[28] Es sollen demnach die Prüffelder ausgewählt werden, die im Rahmen der Kapazität eines RPAs bewältigt werden können und dabei den größten Mehrwert für die Kommune bewirken („die richtigen Dinge prüfen"). Oberste Prämisse ist jedoch immer sicherzustellen, dass keine Fehler unentdeckt bleiben, die sich wesentlich auf die Wirtschaftlichkeit auswirken. Eine willkürliche Auswahl der Prüffelder oder eine Auswahl anhand eines subjektiven Verfahrens wird hierbei als nicht hinreichend angesehen.[29] Es ist ein systematisiertes Vorgehen erforderlich, welches die Prüffelder nach einem nachzuvollziehenden und transparenten Verfahren auswählt.[30] Zentraler Ansatzpunkt für die Auswahl ist hierbei das Risiko eines Prüffeldes. Anhand ausgewählter Beurteilungskriterien werden die inhärenten Risiken der Prüfbereiche vor dem Hintergrund der Zielerreichung einer Kommune bewertet und in eine Rangfolge gebracht. Aus der Risikorangfolge werden die Prüfungsdringlichkeiten abgeleitet.[31] Das bedeutet, dass Prüfungsgebiete mit einem höher bewerten

---

[28] IDR Prüfungsleitlinie 200: S.9

[29] Bundesrechnungshof (2008): S.6; IDR und Gemeinsame Arbeitsgruppe „Fortbildungskonzept" (2014): S.23

[30] KGSt-Bericht 9/2002: S.23; KGSt-Bericht 7/2007: S.40

[31] IDR und Gemeinsame Arbeitsgruppe „Fortbildungskonzept" (2014): S.23

Risiko häufiger und umfänglicher zu prüfen sind als solche mit einer geringeren Risikogröße.[32]

3. Die risikoorientierte Prüfungsplanung

3.1 Prüfungsplanung

Eine Prüfungsplanung ist die Erarbeitung einer Vorgehensweise, nach der die Prüfung durchgeführt werden soll. Die Prüfungsplanung entsteht unter der Abstimmung der örtlich gegebenen sachlichen, zeitlichen und personellen Aspekte.[33] Durch die Planung der Prüfung können die Ziele, Mittel und Maßnahmen eines RPAs strukturiert aufeinander angepasst werden. Durch die Koordination der Vielzahl der Prüfungen kann zusätzlich der Personaleinsatz und -bedarf gesteuert werden (Steuerungsfunktion).[34] Durch den Zusatz der Risikobewertung ergibt sich eine Prüfungsreihenfolge mit unterjährigen Prüfungsschwerpunkten. Diese sind so einzuplanen, dass sie in angemessenen Zeitabständen geprüft werden. (§ 3 Abs.1 S.2 GemPrO-E). Die Prüfungsplanung ist am wirkungsvollsten, wenn sie entsprechend einer Mehrjahresprüfungsplanung aufgestellt wird. Hierbei ist zu berücksichtigen, dass grundsätzlich keine prüfungsfreien Räume entstehen sollen, so dass in einem angemessenen Zeitraum auch Prüfungsgebiete mit geringerem Risiko bedarfs- und sachgerecht geprüft werden.[35]

3.2 Prozess zum Aufbau einer risikoorientierten Prüfungsplanung

Die Grundlage einer risikoorientierten Prüfungsplanung ist der Aufbau einer Prüfungslandkarte. Darauf folgt die Einführung eines

---

[32] Gesetzesbegründung zur Neufassung der GemPrO zu § 3 Abs. 1

[33] IDR Prüfungsleitlinie 110: Rn.67

[34] Erdmann, C. (2014): S.64

[35] Gesetzesbegründung zur Neufassung der GemPrO zu § 3 Abs. 1

risikoorientierten Bewertungssystems der kommunalen Prüffelder. Die Prüfungslandkarte ist ein (strategisches) Instrument, welche alle in Betracht kommenden Prüffelder einer Kommune strukturiert darstellt.[36] Im folgenden Verlauf werden die Teilschritte, die zur Erstellung einer risikoorientierten Prüfungsplanung nötig sind, aufgezeigt. Zunächst wird der Aufbau einer Prüfungslandkarte erläutert (Schritt 1). Darauffolgend werden die Teilprozesse, nach welcher die Risikokennzahlen ermittelt werden, dargestellt (Schritt 2-6). Abschließend wird aufgezeigt, wie die Ergebnisse der Risikobewertung über die Mehrjahres- und Jahresprüfungsplanung in die Einzelprüfungsplanung münden.

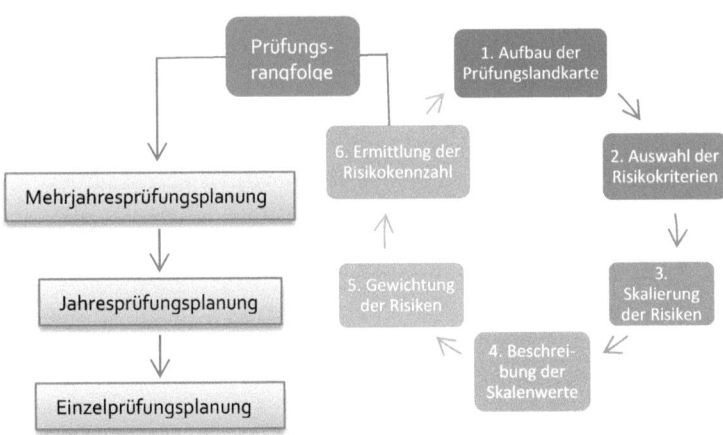

Abbildung 2: Aufbau einer Risikoorientierten Prüfungsplanung[37]

Dieser Prozess ist lediglich eine Möglichkeit zur Erstellung einer risikoorientierten Prüfungsplanung. Da es keine gesetzliche Grundlage zur konkreten Ausgestaltung gibt, können bereits vorhandene Praxismodelle oder andere Literaturvorschläge hiervon abweichen. Die oben dargestellten Teilschritte sind jedoch Ausgangspunkt der grundlegenden Modelle in der Literatur, weshalb dieser Aufbau

---

[36] Erdmann, C. (2014): S.92

[37] Erweiterte Darstellung von Erdmann, C. (2014): S.94

nachfolgend Verwendung findet. Der oben bzw. nachfolgend dargestellte Prozess kann innerhalb der verschiedenen Teilaufgaben variieren. Die unterschiedlichen Ausgestaltungsmöglichkeiten in den einzelnen Schritten werden jeweils bei den entsprechenden Punkten dargestellt.

3.2.1 Aufbau der Prüfungslandkarte

Der Ausgangspunkt einer Prüfungslandkarte sind Prüffelder. Die Prüfungslandkarte stellt anhand der Aufgaben oder Organisationseinheiten einer Kommune eine Gesamtübersicht über die zu bewertenden Prüffelder dar.[38] Um die möglichen Prüffelder einer Kommune schematisch in einer Prüfungslandkarte darzustellen, gibt es verschiedene Möglichkeiten. Zum einen kann man die Prüfungslandkarte nach den Organisationseinheiten der Kommune (Organigramm) aufbauen. Hierbei kommt eine Strukturierung der Prüfungslandkarte je nach Aufbau und Größe der Kommune in Fachbereiche und Fachgebiete oder Abteilungen und Sachgebiete in Betracht (Beispiel: Anlage 1 oberes Schaubild). Es wird ausdrücklich darauf hingewiesen, dass die angemessene Gliederungstiefe ein Erfolgsfaktor für die Entwicklung einer Prüfungslandkarte darstellt. Eine Risikobeurteilung einer großen Organisationseinheit wäre beispielsweise aufgrund der vielzähligen verschiedenen Aufgaben zu grob und daher wenig aussagekräftig.[39] Einer Gliederung, die sich ausschließlich auf eine Risikoeinstufung von Organisationseinheiten stützt, sollte generell kritisch begegnet werden. Ob die risikoorientierte Prüfungsplanung einen Mehrwert für die örtliche Prüfung bietet, entscheidet sich auf der Ebene der konkret bearbeiteten Prüfthemen und somit nicht bei der Auswahl von Organisationseinheiten mit dem höchsten Risikowert. Richter führt dazu das Beispiel auf, dass es auch in einer einzelnen Organisationseinheit (z.B. Fachgebiet) mit einem vergleichsweise niedrigen

---

[38] Bundesrechnungshof (2008): S.8

[39] Erdmann, C. (2014): S.95-97

Risikowert dennoch einzelne Prüfthemen geben kann, für die ein hohes Risiko ermittelt wird (Beispiel: Anlage 1 untere Abbildung).[40]

Eine weitere Möglichkeit besteht darin, die Prüfungslandkarte nach den Aufgaben der Kommune zu gliedern. Eine Orientierung an dem Aufgabengliederungsplan oder an dem Produktplan des NKHRs sind hierbei denkbar.[41] Bei der Verwendung der produktorientierten Variante empfiehlt es sich zunächst die Risiken auf der Ebene der Produktgruppen zu Bewerten.[42] Auf Produktgruppenebene wird daraufhin die künftig zu prüfende und bewertende Einheit (Prüffelder) konkretisiert.

Die Vorteile der aufgaben- bzw. produktorientierten Strukturierung gegenüber der organisatorischen Gliederung sind, dass die Gesamtheit der Aufgaben bzw. Produkte der Kommune übersichtlich dargestellt werden und zudem die Aufgabenerledigung durch externe Bereiche der Kernverwaltung offengelegt ist. Der Nachteil einer rein aufgabenorientierten Prüfungslandkarte ist, dass nicht erkennbar ist, durch welche Organisationseinheit eine Aufgabe erledigt wird. Diese Information ist jedoch zur Einstufung einiger Kriterien notwendig. Interessant ist auch eine Kombination aus Aufgaben- und Organisationsorientierung in Form einer Matrixdarstellung, da hierbei die Möglichkeit besteht, die Vorteile beider Varianten miteinander zu verknüpfen.[43]

Eine dritte Möglichkeit die Prüfungslandkarte zu gliedern ist eine Strukturierung nach Prozessen.[44] Aufgrund der Tatsache, dass bei der Stadt Achern, wie bei vielen Kommunen, noch keine (Geschäfts-)Prozesse definiert sind, wird diese Möglichkeit hier nicht weiterverfolgt.

---

[40] Richter, M. (2011): S.1

[41] Erdmann, C. (2014): S.98

[42] IDR Prüfungsleitlinie 110: Rn.51

[43] Erdmann, C. (2014): S.98-102

[44] Bundesrechnungshof (2008): S.8; Erdmann, C. (2014): S.100

Die Pflichtprüfungen wie z.B. die Jahresabschlussprüfung oder die Prüfung der Stadtkasse können aus der Prüfungslandkarte ausgeklammert werden. Diese Prüfungen sind aufgrund der gesetzlichen Bestimmung ohnehin im jährlichen Rhythmus vorgesehen. [45] Gleichwohl sind diese Prüfungen ebenfalls risikoorientiert durchzuführen.

3.2.2 Auswahl der Risikokriterien

Der zweite Schritt im Prozess der Erstellung einer risikoorientierten Prüfungsplanung ist die Auswahl geeigneter Kriterien. Mit der Auswahl von Kriterien werden Indikatoren festgelegt, die für die Gefährdungsbeurteilung der Prüffelder geeignet sind. Die Indikatoren zur Bestimmung der Risiken werden als „Risikokriterien" bezeichnet. [46]

Nachfolgend werden in der Literatur häufig verwendete Risikokriterien aufgeführt. [47] Hierbei wird zwischen qualitativen und quantitativen Kriterien unterschieden. [48]

Tabelle 1: Auflistung der Risikokriterien

Qualitative Kriterien	Quantitative Kriterien
Außenwirkung/polit. Bedeutung	Anzahl der Buchungen
Ergebnis der letzten Prüfung	Anzahl der Hinweise und Beschwerden
IT-Umfeld/EDV-Risiken	Anzahl der Mitarbeiter/Dienstposten
Komplexität des Prüffeldes	Anzahl der Personalwechsel
Korruptionsrisiko	Finanzvolumen
Organisationsveränderungen	Zeitabstand zur letzten Prüfung
Zustand des IKS	

---

[45] Erdmann, C. (2014): S.119

[46] Richter, M. (2011): S.7

[47] U.a. Bundesrechnungshof (2008): Anlage 3&4; Erdmann, C. (2014): S.109-110 Richter, M. (2011): S.7-9; Schiffer, T. (2000): S.1229; kirpag (2015): S.33/34

[48] Schwarting, G. (2006): S.233

Eine genauere Beschreibung zu den oben genannten Risikokriterien befindet sich in Anlage Nr.2. Es wird vorgeschlagen bei der Auswahl der Risikokriterien die quantitativen und die qualitativen Aspekte in ein Gleichgewicht zu bringen.[49] Durch eine hohe Anzahl an quantitativen Kriterien steigt die Objektivität der Risikobewertung. Auf der anderen Seite ist es nicht zielführend, zwanghaft quantitative Kriterien einzusetzen, wenn eine Prüfungseinrichtung der Ansicht ist, dass die vorhandenen qualitativen Kriterien besser zur Beurteilung der örtlichen Risiken geeignet sind. Gegenwärtig sollte individuell festgelegt werden, welche Risikokriterien am geeignetsten erscheinen. Hier erweist es sich als entscheidender Vorteil gegenüber externen Wirtschaftsprüfern, dass die RPÄ immer vor Ort sind und mit „wachsamem Auge" das Verwaltungsgeschehen beobachten.

Bei der Auswahl der Anzahl der Kriterien gibt es verschiedene Ansätze. Einerseits ist bei der Verwendung mehrerer Risikokriterien eine größere Risikoabdeckung vorhanden. Somit wird die Wahrscheinlichkeit reduziert, dass ein vorhandenes Risiko keine Berücksichtigung findet.

Andererseits sollte bei der Auswahl der geeignetsten Kriterien darauf geachtet werden, dass nicht zu viele davon verwendet werden. Mit steigender Anzahl an Risikokriterien steigt der Bewertungsaufwand. Dadurch kann die Gefahr entstehen, dass die Bewertung nicht hinreichend sorgfältig vorgenommen wird und deswegen ein aussagefähiges Ergebnis nicht gewährleistet werden kann. Bei der Betrachtung gleichartiger Modelle zur risikoorientierten Prüfungsplanung gibt es unterschiedliche Varianten. Richter empfiehlt eine Anzahl von maximal sechs Kriterien.[50] Das Rechnungsprüfungsamt der Deutschen Rentenversicherung arbeitet bei ihrer risikoorientierten Prüfungsplanung mit fünf Dimensionen, die

---

[49] Erdmann, C. (2014): S.111

[50] Richter, M. (2011): S.9

16

allerdings in insgesamt 33 Unterkriterien gegliedert sind.[51] Der Bundesrechnungshof berichtet im „Modell 2" in der Mitteilung an das BMI über die Prüfung der Ansätze zur Risikoorientierung bei der Arbeit von Internen Revisionen in der Bundesverwaltung von sechs Risikokriterien (finanzielle Mittel, Anzahl der Dienstposten, politische Bedeutung, Umstrukturierung / Verfahrensänderungen, Abstand zur letzten Prüfung, Korruptionsgefährdung).[52]

Bei dem RPA der Landeshauptstadt Potsdam werden fünf Risikokriterien verwendet (Finanzvolumen, Zustand des IKS, Organisation, Komplexität des Prüffeldes, Zeitabstand zur letzten Prüfung).[53]

Bei der Festlegung der Risikokriterien sind zwei Fragestellungen zu beantworten. Zum einen sollten bei allen Prüffeldern im Bezug zu den Risikokriterien genügend Informationen vorhanden sein um eine Einordnung vornehmen zu können. Falls dies nicht der Fall ist, besteht die Gefahr, dass dieses Risikokriterium das Risiko eines Prüffeldes nicht vollständig abbildet. Dies führt dazu, dass dieses Kriterium ungeeignet ist. Zum anderen sollten die in Betracht kommenden Risikokriterien unabhängig voneinander sein. Eine Doppelerfassung eines Merkmals würde zu einem Qualitätsverlust führen.[54] Dies könnte zum Beispiel bei den Kriterien „Ergebnis der letzten Prüfung" und „Zustand des Internen Kontrollsystems" der Fall sein. Liegt die Ursache des schlechten Ergebnisses der vorangegangenen Prüfung in dem schlechten Zustand des IKS begründet, dann würden in diesem Fall die Ergebnisse in beiden Risikobereichen erfasst.[55]

3.2.3 Skalenfestlegung der Risikokriterien

Als nächstes sollten die Risiken skaliert werden. Hierbei geht es darum, für jedes Risikokriterium eine Bewertungsskala festzulegen,

---

[51] Loibl, F./Streßow, M. (2008): S.53

[52] Bundesrechnungshof (2008): S.10

[53] Erdmann, C. (2014): S.158

[54] Schiffer, T. (2000): S.1228

[55] Erdmann, C. (2014): S.111

die das Ausmaß angibt, mit dem das Prüffeld ein Risikokriterium erfüllen kann.[56] Bei der Betrachtung der Modelle in der Literatur lässt sich feststellen, dass für die Festlegung der Skalenwerte diverse Möglichkeiten angewendet werden. Richter schlägt in seiner Fallstudie eine Skala von 1 bis 4 oder 1 bis 5 vor.[57] Der Bundesrechnungshof zieht ebenfalls verschiedene Varianten in Betracht. So zum Beispiel eine vier - oder zehnstellige Skala. Bei der Skala mit vier Werten könnte sich die Spreizung z.b. über die Werte 1,3,5 und 7 definieren. Damit würden voneinander abweichende Merkmale stärker berücksichtigt werden. Bei der zehnstelligen Skala vollzieht sich die Spreizung durchgängig von 1 bis 10.[58] Bei größeren Skalen sollte allerdings kritisch betrachtet werden, dass eine Einordnung aufgrund der lediglich geringen Unterschiede von Stufe zu Stufe nicht immer eindeutig sein kann.

Bei der Festlegung der Skalierung für die Risikobewertung innerhalb des gleichen Modells empfiehlt es sich für alle Risikokriterien eine einheitliche Skala zu verwenden. Haben Risikoindikatoren eine unterschiedlich große Bedeutung für die Behörde, sollte dies in einem nächsten Schritt über die Gewichtung der Kriterien erkenntlich gemacht werden und nicht über jeweils unterschiedlich große Skalen. Würde z.B. für zwei verschiedene Risikokriterien eine unterschiedliche Anzahl von Bewertungsstufen definiert werden, würde das Kriterium mit der größeren Anzahl von Bewertungsstufen bei gegebenem Zustand durchaus stärker in der Bewertung eines Prüffeldes berücksichtigt. Die Verwendung unterschiedlich großer Skalen in derselben Prüfungsplanung würde die Anwendungssicherheit und die Transparenz des Verfahrens und der Entscheidung wesentlich verringern.[59]

---

[56] Schiffer, T. (2000): S.1231

[57] Richter, M. (2011): S.10

[58] Bundesrechnungshof (2008): S.10-12

[59] Bundesrechnungshof (2008): S.36; Schiffer, T. (2000): S.1231

3.2.4 Beschreibung der Skalenwerte

Die Beschreibung der Skalenwerte ist vor allem bei qualitativen Kriterien wie z.B. die Komplexität des Prüffeldes, die Außenwirkung / politische Bedeutung des Prüffeldes oder der Zustand des Internen Kontrollsystems sinnvoll. Die Beschreibung der Skalenwerte soll dazu beitragen, dass eine dem Sachverhalt entsprechende Einordnung zu den verschiedenen Skalenwerten ermöglicht werden kann.[60] Die grundsätzlich subjektive Bewertung mit qualitativen Risikokriterien soll durch die Zuordnung von Beschreibungsmerkmalen eindeutiger und objektiver gestaltet werden. Vor dem Hintergrund einer verbesserten Transparenz und einer stabileren Anwendungssicherheit, sollte die Beschreibung der Skalenwerte mit Merkmalen so ausführlich wie möglich gestaltet werden. Dabei muss allerdings darauf geachtet werden, dass weiterhin eine eindeutige Zuordnung zu den Werten bzw. den Ausprägungen möglich ist. Zu beachten ist außerdem, dass auch anhand der ausführlichen Skalenbeschreibung eine Abgrenzungsproblematik nicht immer vermeidbar sein wird. In diesen Fällen sollte ein ganzheitlicher Überblick über das Prüffeld verschafft werden, um eine möglichst genaue Bewertung vornehmen zu können.

Beispielhaft verdeutlicht wird die Beschreibung der Skalenwerte anhand von Merkmalen an dem von Richter beschriebenen Risikokriterium: „Außenwirkung (Reputation)/politische Bedeutung":[61]

---

[60] Erdmann, C. (2014): S.114

[61] Richter, M. (2011): S.39

Tabelle 2: Beispielhafte Skalenbeschreibung

Skalen-wert	Ausprägung	Merkmale/Beschreibung
1	Sehr gering	• Sehr geringe Außenkontakte • Kaum Berichterstattung in den Medien, kaum wahrnehmbares öffentliches Interesse
2	Gering	• Geringe Außenkontakte • Vereinzelte Berichterstattung in den Medien, öffentliches Interesse wenig ausgeprägt
3	Mittel	• Häufiger Außenkontakte • Häufiger Berichterstattung in den Medien, öffentliches Interesse verstärkt
4	Hoch	• Regelmäßig Außenkontakte • Regelmäßige Berichterstattung in den Medien, öffentliches Interesse ausgeprägt
5	Sehr hoch	• Ständig Außenkontakte • Ständige Berichterstattung in den Medien, breite und auch überregionale öffentliche Diskussion

3.2.5 Festlegung der Gewichtung der Risikokriterien

Durch die Vornahme einer Gewichtung kann der Einfluss der jeweiligen Risikokriterien auf die Risikorangfolge der Prüffelder und somit auf die Prüfungsdringlichkeit gesteuert werden.[62] Da die verschiedenen Risikokriterien für die Erreichung der Ziele einer Kommune nicht dieselben Folgen haben, sollte dieser Bedeutungsunterschied durch eine Gewichtung der Kriterien hervorgehoben werden.[63] Dabei gibt es zwei verschiedene Varianten. Zum einen gibt es die oben angesprochene Gewichtung durch eine unter-

---

[62] Bundesrechnungshof (2008): S.36

[63] Richter, M. (2011): S.12

schiedlich große Skalenlänge der einzelnen Kriterien. So bekommt z.B. das Kriterium 1 eine Skala von 1-5, das Kriterium 2 eine Skala von 1-3 und das Kriterium 3 eine Skala von 1-10 zugeordnet. Je größer eine Skala ist, desto höher kann ein Kriterium unter Umständen gewichtet werden. Zum anderen gibt es die klassische Gewichtung mit Hilfe von Prozentsätzen. Je höher die Aufgabenerfüllung durch das Risikokriterium gefährdet sein könnte, desto höher wird das Kriterium gewichtet.[64]

Tabelle 3: Beispielhafte Gewichtung von Risikokriterien

Risikokriterien	Gewichtung (Bsp.)
Finanzvolumen	30%
Komplexität des Prüffeldes	20%
Korruptionsrisiko	10%
Zeitabstand zur letzten Prüfung	20%
Zustand des internen Kontrollsystems	20%
	= 100%

Bei der Gewichtung der Risikokriterien ist zu beachten, dass hierdurch eine erhebliche Beeinflussung der Bewertungsergebnisse ermöglicht wird.[65] Je höher ein Risikokriterium gewichtet wird, desto wahrscheinlicher ist es, dass Prüffelder mit einem hohen Risikowert in dieser Kategorie häufiger geprüft werden. Es empfiehlt sich, dass die Gewichtungen grundsätzlich nicht zu stark voneinander abweichen, sodass eine Ausgewogenheit innerhalb der Bewertung erreicht wird.

3.2.6 Die Ermittlung der Risikokennzahl

Der sechste Schritt in dem Modell der risikoorientierten Prüfungsplanung ist die Ermittlung der Risikokennzahl. Dabei werden die für das Prüffeld ermittelnden Skalenwerte mit den Gewichtungen

---

[64] Erdmann, C. (2014): S.116f.

[65] Bundesrechnungshof (2014): S.37

multipliziert. Alle Teilergebnisse der Risikokriterien im jeweiligen Prüffeld werden zum Gesamtergebnis des Prüffeldes summiert. Diese nun ermittelte Risikokennzahl bestimmt die Prüfungsdringlichkeit für das bewertete Prüffeld. (Je höher diese Zahl ist, desto höher ist das ermittelte Risiko des Prüffeldes.)

Bei den einzelnen Risikoeinschätzungen muss zur Nachvollziehbarkeit eine Begründung für die vorgenommene (Risiko-)Bewertung hinzugefügt werden. Alle bei der Bewertung erhaltenen und auch verwendeten Informationen sind angemessen zu dokumentieren.[66]

Tabelle 4: Risikowertberechnung anhand eines fiktiven Prüffeldes

Risikokriterium	Skalenwert	Gewicht	Summenwert	Dokumentation
Finanzvolumen	2	30%	0,6	Aufwendungen: 500.000 €
Komplexität des Prüffeldes	1	20%	0,2	Keine komplizierten Rechtsgrundlagen
Korruptionsrisiko	3	10%	0,3	Mittleres Korruptionsrisiko
Zeitabstand zur letzten Prüfung	5	20%	1,0	Letzte Prüfung vor über 5 Jahren
Zustand des IKS	1	20%	0,2	Regelungen vorhanden und aktuell
Gesamt:		100%	2,3	

3.3 Planungs- und Betrachtungszeiträume

3.3.1 Die Mehrjahresprüfungsplanung

In der Regel können nicht alle Prüffelder in einem Jahr bzw. im Jahresrhythmus geprüft werden. Deswegen wird dazu übergegangen, einen Prüfungsturnus (Zeitraum) festzulegen. Grundsätzlich

---

[66] MaRisk Revisionshandbuch (2015): S.48f.; Bundesrechnungshof (2008): S.14

sollen alle Prüffelder mindestens einmal innerhalb des definierten Mehrjahresprüfungszeitraums für die Prüfung eingeplant werden. Den geeigneten Prüfungsturnus einer Mehrjahresprüfungsplanung, muss jede Behörde in eigener Entscheidung festlegen. Mit kurzen Intervallen kann schneller auf neue Entwicklungen reagiert werden. Allerdings werden hierfür mehr Personalressourcen benötigt. Bei langen Intervallen besteht die Gefahr, dass relevante Veränderungen zu spät erkannt werden. Bei ersten Anwendungsversuchen können kürzere Intervalle sinnvoll sein. Längere Intervalle bieten sich zum Beispiel aufgrund der Routine bei gefestigten Verfahren und in „veränderungsschwachen Zeiten" an.[67] In der Regel wird ein Prüfungszeitraum von 3 bis maximal 5 Jahren empfohlen.[68] Genießt das RPA eine hohe Akzeptanz in der Verwaltung und besteht hohes Vertrauen in die Kompetenz der Prüfung, in der Form, dass das RPA begleitend und beratend in das Verwaltungsgeschehen einbezogen ist und so bereits im Vorfeld Fehler vermieden werden können, wirkt sich das positiv auf die Risikobewertung aus. Hier können eventuell sogar größere Intervalle vertretbar sein.

Somit kann die Mehrjahresprüfungsplanung vom Verbindlichkeitsgrad mit der mittelfristigen Finanzplanung verglichen werden. Um die Mehrjahresprüfungsplanung schematisch darzustellen, wird für folgendes Beispiel ein Turnus von fünf Jahren gewählt. Je höher die gesamte Risikobewertung eines Prüffeldes ist (Risikokennzahl), desto geringer ist das Prüfungsintervall dieses Prüffeldes in der Mehrjahresplanung. So werden bspw. Prüffelder mit einem Risikowert zwischen 4,0 – 5,0 auch innerhalb dieses Fünfjahreszeitraumes aufgrund ihrer potenziellen Gefährdung jährlich geprüft.

---

[67] Bundesrechnungshof (2008): S.20

[68] IDR Prüfungsleitlinie 110 Rn.50

Tabelle 5: Musterbeispiel Prüfungsturnusplanung (fünfjährig)

Risikokennzahl	(Prüfungs-)Turnus
1,0 bis < 2,0	= alle 60 Monate bzw. 5 Jahre
2,0 bis < 2,5	= alle 48 Monate bzw. 4 Jahre
2,5 bis < 3,5	= alle 36 Monate bzw. 3 Jahre
3,5 bis < 4,0	= alle 24 Monate bzw. 2 Jahre
4,0 bis 5,0	= alle 12 Monate bzw. jährlich

Wenn die Risikokennzahlen der bewerteten Prüffelder mit einem ausgewählten Prüfungsintervall verknüpft werden, lassen sich die Prüffelder in die jeweiligen Jahre der Mehrjahresplanung einteilen. Um einen ersten vereinfachten Eindruck zu erhalten, wird im nachfolgenden Beispiel davon ausgegangen, dass es insgesamt nur fünf Prüffelder innerhalb der Kommune gibt, von denen jeweils eines exemplarisch auf genau eine Risikospanne der Risikobewertung zutrifft. Als Turnus wird beispielhaft der obige Fünfjahreszeitraum gewählt.

Prüfungsrangfolge (=Prüfungsdringlichkeit)		
Prüffeld	Risikokennzahl/(Turnus)	Platzierung
PG 52.10 (Bauordnung)	4,3 (jährlich)	1
PG 12.20 (Ordnungswesen)	3,7 (zwei Jahre)	2
PG 31.20 (GSi - SGB II)	3,0 (drei Jahre)	3
PG 57.50 (Tourismus)	2,2 (vier Jahre)	4
PG 27.20 (Bibliotheken)	1,8 (fünf Jahre)	5

2017 Beginn	Prüffeld/ Risiko	2018	Prüffeld/ Risiko	2019	Prüffeld/ Risiko	2020	Prüffeld/ Risiko	2021	Prüffeld/ Risiko
	PG 52.10 (4,3)		PG 52.10 (4,3)		PG 52.10 (4,3)		PG 52.10 (4,3)		PG 52.10 (4,3)
			PG 12.20 (3,7)		PG 31.20 (3,0)		PG 12.20 (3,7)		PG 27.20 (1,8)
							PG 57.50 (2,2)		

Abbildung 3: Darstellung einer Mehrjahresprüfungsplanung

3.3.2 Die Jahresprüfungsplanung

Die Jahresprüfungsplanung leitet sich aus der Mehrjahresprüfungsplanung ab, wobei nicht alle Prüffelder tatsächlich in der jeweiligen Jahresprüfungsplanung eingeordnet werden müssen. Die Prüfungsvorschläge der Mehrjahresprüfungsplanung stützten sich lediglich auf erste Risikoeinschätzungen und sind nun in einer weiteren Handlung durch zusätzlich erlangte Informationen zu aktualisieren. Deshalb muss im jeweiligen Prüfungsjahr ermittelt werden, ob neue Entwicklungen innerhalb der Kommune vorliegen, sich die rechtlichen Regelungen geändert haben oder ob sich aus bereits abgeschlossenen Prüfungen neue relevante Erkenntnisse ergeben

haben.[69] Sollte dies der Fall sein, könnten sich in der Risikorangfolge innerhalb der Jahresprüfungsplanung einzelne Änderungen ergeben.

3.3.2.1 Ermittlung des Zeitaufwandes der Prüffelder

Zur Steuerung der Prüffelder im jeweiligen Jahr, ist die (Personal-) Ressourcenbeanspruchung, d.h. der voraussichtliche Zeitaufwand in Prüfertagen pro Prüfthema zu schätzen. Diese Schätzungen erfordern im Allgemeinen viel Erfahrung. Richter betont, dass sich gute Erkenntnisse dadurch gewinnen lassen, indem durchgängig für alle durchgeführten Prüfungen, Aufzeichnungen betreffend dem Aufwandes, den auftretenden Abweichungen und dessen Ursachen gemacht werden.[70] Wurde der Zeitaufwand für jedes Prüffeld ermittelt, muss in einem nächsten Schritt die Jahresprüfungskapazität aller Prüfer ermittelt werden. Erst danach kann abgeschätzt werden, ob alle Prüfungen wie geplant durchgeführt werden können.

Vorweg ist zu beachten, dass die Jahresprüfungskapazität des vorhandenen Personals nicht in vollem Umfang verplant werden soll. Für den Fall, dass außerplanmäßige Prüfungen (z.B. Sonderuntersuchungen), andere außerplanmäßige Aktivitäten (ex-ante Aktivitäten wie die Begleitung wesentlicher Projekte, Beratung von Fachbereichen etc.) oder Zeitüberschreitungen bei einzelnen Prüfungen auftreten, soll von Beginn an eine Zeitreserve eingeplant werden.[71] Wie groß diese Reserve sein soll, muss individuell festgelegt werden. Richter empfiehlt eine Reserve in Höhe von 15-20% der Jahreskapazität.[72] Wird im Laufe des Jahres festgestellt, dass diese Reserve voraussichtlich nicht benötigt wird, können anderweitig Prüfungen eingeplant werden. Hierfür kommen die Prüfungen in Betracht, die aufgrund ihres geringen Risikowertes zunächst

---

[69] Erdmann, C. (2014): S.159

[70] Richter, M. (2011): S.20

[71] MaRisk Revisionshandbuch (2015): S.51

[72] Richter, M. (2011): S.21

keinen Eingang in die Jahresprüfungsplanung gefunden haben. Oftmals werden hierbei nicht ausschließlich die Prüffelder gewählt, die aufgrund ihres Risikowertes als nächstes in der Prüfreihenfolge liegen. Um „blinde Flecken" innerhalb der Prüfungsplanung zu vermeiden, werden mit der Zeitreserve gerne solche Prüffelder geprüft, die einen weitaus geringeren Risikowert ausweisen. Somit müssen auch Bereiche die grundsätzlich als risikoärmer eingeschätzt wurden, ständig damit rechnen, dass sie einer Prüfung unterzogen werden.[73]

3.3.2.2 Ermittlung der Jahresprüfungskapazität des RPAs

Die Prüfungskapazität wird an der absoluten Anzahl der verfügbaren Prüfertage gemessen. Ausgangspunkt ist hierbei also die Kapazität jedes einzelnen Prüfers im Rechnungsprüfungsamt. Von den Gesamtarbeitstagen muss man in einem zweiten Schritt Anteile für Fortbildungen oder die Urlaubs- und die geschätzten Krankheitstage in Abzug bringen. Hilfreich ist dabei die Darstellung anhand des folgenden Muster-Schemas sein.

---

[73] Erdmann, C. (2014): S.126; Bundesrechnungshof (2008): S.18

Tabelle 6: Beispielhafte Berechnung der Prüfkapazitäten[74]

Nr.		Prüfer 1	Prüfer 2	Prüfer 3	Gesamt
1	Arbeitstage (Jahr)	250	250	130	630
2	Abzugstage	./.	./.	./.	./.
2.1	Feiertage	14	14	14	42
2.2	Urlaubstage	30	30	15	
	+ Resturlaub	6	0	1	89
	+ Überstunden	4	0	3	
2.3	Krankheitstage	5	5	5	15
2.4	Fortbildungstage	6	5	2	13
2.5	Leitungsaufgaben	20	1	0	21
2.6	Sonderuntersuchungen	25	0	0	25
2.7	Gesetzliche Prüfauf-träge	130	35	0	175
3	Jahreskapazität	10	160	80	250
4	Reserve (15-20%)	10 x 0,85	160 x 0,85	80 x 0,85	250 x 0,85
5	Prüfertage	8,5	136	68	212,5

Das vorliegende Muster-Schema zeigt die für die Prüfungen zur Verfügung stehende Anzahl an Prüfungstage. Im vorliegenden Beispiel könnten 212,5 Tage für Prüfungen verplant werden. Eine Reserve in Höhe von 15% wurde hierbei schon mit einberechnet. Diese beträgt 37,5 Tage (250Tage*15%) die bei optimalem Prüfungsablauf im laufenden Jahr ebenfalls für weitere Prüfungen verwendet werden können.

---

[74] Erweiterte Darstellung von: Erdmann, C. (2014): S.128

3.3.3 Die Einzelprüfungsplanung

Die Einzelprüfungsplanung leitet sich aus der Jahresprüfungsplanung ab. Aus den, in der Jahresprüfungsplanung eingeplanten, Prüffeldern werden für die Einzelprüfungsplanungen konkrete Prüfthemen erarbeitet. Die Einzelthemen ergeben sich demzufolge nicht unmittelbar aus den Prüffeldern.[75]

Eine Einzelprüfung, also ein konkretes Prüfthema, enthält in der Regel mindestens eine der folgenden Prüfungsgrundlagen:[76]

> ➢ Den Prüfungsansatz (vgl. Punkt 2.3)
> ➢ Den Prüfungszeitpunkt (vgl. Punkt 2.4)
> ➢ Die Prüfungsmethode (vgl. Punkt 2.5)

Verknüpft man eine Aufgabe (Produkt) der potenziellen Prüffelder (Produktgruppen) einer Kommune mit einem dieser Prüfungsgrundlagen, ergibt sich ein konkretes Thema für einen Einzelprüfungsplan. Dieser kann durch weitere Informationen wie z.B. den geplanten Prüfungszeitraum bzw. die Anzahl der eingeplanten Prüfungstage konkretisiert werden.

Beispiele für Prüfungsthemen können demzufolge sein:[77]

- Überprüfung der Ordnungsmäßigkeit der Dienstreiseabrechnungen
- Überprüfung der Zweckmäßigkeit des Qualitätsmanagement-systems
- Begleitende Prüfung (ex-ante Prüfung) der Einführung des NKHRs
- Überprüfung, ob eine (in einer früheren Prüfung vereinbarte) Maßnahme umgesetzt worden ist und die angestrebten Ziele/Wirkungen eingetreten sind (Follow-up Prüfung/ex-post Prüfung, Zweckmäßigkeit / Wirkungsprüfung)

---

[75] Richter, M. (2011): S.1

[76] KGSt-Bericht 9/2002: S.29

[77] Richter, M. (2011): S.13

Abbildung 4: Entwicklungsprozess der Einzelprüfungen

3.4 Fragebogen zur risikoorientierten Prüfungsplanung

Zu dem Themenkomplex der risikoorientierten Prüfungsplanung wurde über die ArGe eine Umfrage verschickt (Anlage Nr.3). Zunächst werden umfassend die Hintergrundinformationen der teilgenommenen RPÄ dargestellt. Die zentralen Ziele des Fragebogens waren herauszufinden, inwieweit das Thema der vorliegenden Arbeit in den kommunalen Prüfungseinrichtungen verbreitet ist und welche Risikokriterien für die Beurteilung der Risiken einer Kommune als geeignet angesehen werden. Insgesamt haben 38 örtliche Prüfungen in Baden-Württemberg bei der Umfrage teilgenommen. Von den 38 RPÄ befinden sich 27 in Städten mit 20.000 bis 49.999 Einwohnern. Drei RPÄ befinden sich in Städten mit 50.000 bis 99.999 Einwohnern und fünf RPÄ sind in Städten ab 100.000 Einwohner angesiedelt. Darüber hinaus haben sich drei Landkreise an der Umfrage beteiligt. Ob bereits auf das NKHR umgestellt wurde, haben 76,3% der teilgenommenen Kommunen bejaht. Bei der Frage, inwieweit sich die RPÄ bei ihrer Aufgabenerfüllung bereits mit dem Thema der vorliegenden Bachelorarbeit befasst haben, ergab sich folgende Verteilung:

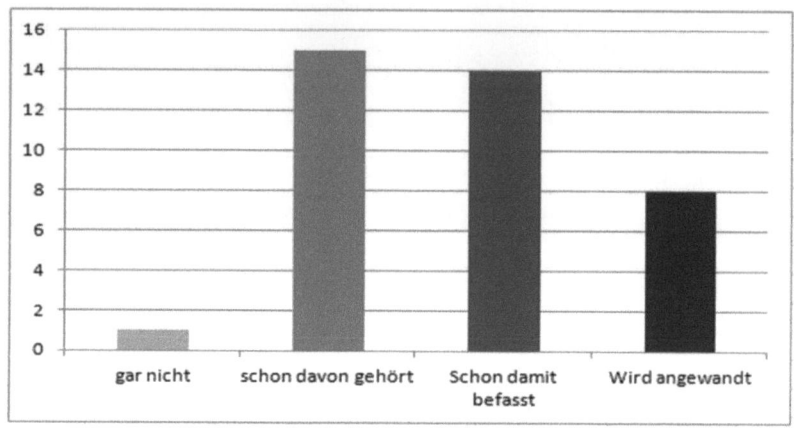

Abbildung 5: Verbreitung der risikoorientierten Prüfungsplanung

Das Ergebnis zeigt, dass fast alle der 38 RPA-Leiter von der risikoorientierten Prüfungsplanung auf kommunaler Ebene gehört haben.[78] Von den 38 Teilnehmern haben sich 14 mit diesem Themenkomplex (intensiver) befasst, ohne dabei eine konkrete risikoorientierte Prüfungsplanung anzuwenden. Eine systematische Anwendung einer risikoorientierten Prüfungsplanung kommt dahingegen nur in 8 von 38 Prüfungsämtern zur Anwendung. Die Rückmeldungen und Diskussionen bei der Tagung der ArGe hat dieses Ergebnis bestätigt. Viele RPA-Leiter haben schon von dem Ansatz einer risikoorientierten Prüfungsplanung gehört, doch nur einige wählen ihre Prüffelder nach diesem systematisierten Verfahren aus.

Interessant ist hierbei die Verknüpfung zur Diskussion um die Risikoorientierung (Gliederungspunkt 2.6). Dass die Risikoorientierung und somit auch die risikoorientierte Prüfungsplanung Ausfluss aus dem NKHR ist, zeigt sich in der Antwortverteilung zu der Frage zum Stand der Umstellung. Von den acht örtlichen Prüfungen, die angekreuzt haben, dass eine risikoorientierte Prüfungsplanung

---

[78] Die Antworten „Schon damit befasst" und „Wird angewandt" suggerieren, dass man auch schon von dem Thema gehört hat. „Wird angewandt" bedeutet demzufolge, dass „schon davon gehört" und sich auch „schon damit befasst" wurde.

durchgeführt wird, haben schon sieben auf das NKHR umgestellt.[79] Bei den Einrichtungen die noch kameral prüfen, spielt eine risikoorientierte Prüfungsplanung eine untergeordnete bzw. keine Rolle.

Die Frage nach der Auswahl der Risikokriterien muss vor dem Hintergrund betrachtet werden, dass zurzeit lediglich 8 von 38 RPÄ eine risikoorientierte Prüfungsplanung anwenden. Das bedeutet, dass die Antworten von 30 RPÄ darauf beruhen, welche Risikokriterien sie verwenden würden, wenn es dort eine risikoorientierte Prüfungsplanung gäbe.

Die nachfolgenden Risikokriterien sind die sechs Kriterien, die bei der Umfrage am Häufigsten ausgewählt wurden. Diese sind gleichzeitig die einzigen Kriterien, die mindestens von jedem Zweiten angekreuzt wurden.

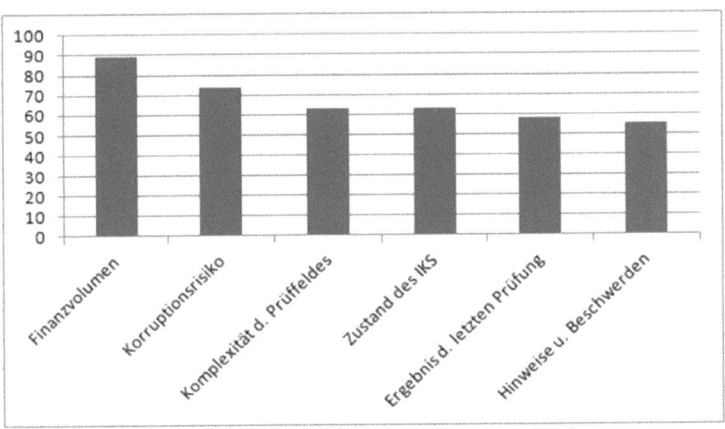

Abbildung 6: Häufigkeitsverteilung der Risikokriterien (in Prozent)

Das Finanzvolumen, der Zustand des IKS und die Komplexität des Prüffeldes sind klassische Kriterien zur Bestimmung des Risikos. Sie sind die in der vorhandenen kommunalen und nicht kommunalen

---

[79] Der RPA-Leiter, der eine risikoorientierte Prüfungsplanung verwendet obwohl dessen Kommune noch nicht auf das NKHR umgestellt hat, ist erst vor kurzem in diese „noch" kamerale Kommune gewechselt. Dieser RPA-Leiter war jedoch zuvor intensiv in die NKHR-Umstellung im Landratsamt des Ortenaukreis eingebunden.

Literatur am häufigsten aufzufindenden Kriterien. Das Korruptionsrisiko, das Ergebnis der letzten Prüfung und die Hinweise und Beschwerden treten in der Literatur im Zusammenhang mit der risikoorientierten Prüfungsplanung aktuell noch seltener in Erscheinung. Dafür werden „Organisationsveränderungen" und „Außenwirkung/politische Bedeutung" in der Literatur häufiger genannt.[80]

Unter Punkt 4.2.2 werden die Risikokriterien für den praktischen Teil der Arbeit ausgewählt. An dieser Stelle wird diskutiert und herausgearbeitet, warum einige der im Fragebogen oder in der Literatur gelisteten Risikokriterien für den vorliegenden Ansatz als eher ungeeignet erscheinen.

4. Praxismodell: Einführung einer risikoorientierten Prüfungsplanung am Beispiel des RPAs der Stadt Achern

4.1 Die große Kreisstadt Achern

Die große Kreisstadt Achern liegt im Ortenaukreis und zählt aktuell ca. 25.000 Einwohner. Die Verwaltung ist in zwei Dezernate unterteilt (vgl. Anlage Nr.4). Zum Dezernat 1, das dem Oberbürgermeister unterstellt ist, gehören die Fachbereiche „Ortsverwaltungen", „Zentrale Steuerung und Bürgerservice", „Soziales, Kultur und Sport" und „Finanzen". Das Dezernat 2 ist in die Fachbereiche „Baurecht und Hochbau/Bauverwaltung", „Stadtplanung und Tiefbau" und „Technische Betriebe" sowie der Stabsstelle Recht unterteilt. Dezernatsleiter ist der (erste) Beigeordnete. Organisatorisch ist das RPA direkt beim Oberbürgermeister angesiedelt (§ 109 Abs. 2 S.2 GemO). Darüber hinaus sind weitere Aufgabenbereiche in die drei Eigenbetriebe „Stadtwerke Achern", „Stadtentwässerung Achern" und „Campingplatz/Strandbad am Achernsee" ausgeglie-

---

[80] Bezug: Bundesrechnungshof (2008): Modell 2 S.10, Modell 3 S.11/12, Modell 4 S.13; Gesetzesbegründung zur Neufassung der GemPrO zu § 3 Abs. 1; Erdmann, C. (2008): S.158; Loibl, F./Streßow, M. (2008): S.53; Richter, M. (2011): S.7f.; Schiffer, T. (2000): S.1229; kirpag (2015): S.33/34

dert. Insgesamt sind bei der Stadtverwaltung und ihren Eigenbetrieben rund 400 Mitarbeiter beschäftigt.

Der Gemeinderat der Stadt Achern hat am 28.06.2010 beschlossen zum 01.01.2012 auf das NKHR umzustellen. In der Sitzung vom 18.10.2010 hat der Gemeinderat dem Vorschlag der Verwaltung zugestimmt, die Teilhaushalte produktorientiert zu bilden. Die Leitung des RPAs hat das Projekt NKHR von Anfang an intensiv begleitet.[81] Das RPA der Stadt Achern besteht neben der Amtsleitung aus zwei weiteren Vollzeitmitarbeitern. Im Fokus steht aktuell die Prüfung der Jahresabschlüsse 2015 der Stadt und der Eigenbetriebe. Darüber hinaus ist das RPA mit der Prüfung der Zweckverbände „Musik- und Kunstschule Achern/Oberkirch" und „Interkommunales Gewerbegebiet Achern (IKG)" beauftragt.

4.2 Die risikoorientierte Prüfungsplanung

Nachfolgend wird der systematische Aufbau erläutert, nach der die risikoorientierte Prüfungsplanung bei dem RPA der Stadt Achern eingeführt werden soll. Die Grundlage für die Einführung der risikoorientierten Prüfungsplanung sind die im Theorieteil betrachteten Prozessschritte. Innerhalb der nachfolgenden Gliederungspunkte wird der Fokus vor allem auf die Begründungen der jeweiligen Entscheidungen gelegt.

4.2.1 Die Prüfungslandkarte der Stadt Achern

Da sich die Stadt Achern im Rahmen der Einführung des NKHRs zum 01.01.2012 dafür entschieden hat, den Haushalt produktorientiert zu bilden, wird auch die Prüfungslandkarte des RPAs produktorientiert gegliedert. Hierzu muss die Frage, welche Prüfungsebene zur Bewertung ausgewählt werden soll, beantwortet werden. Vor dem Hintergrund der vorliegenden Personalkapazitäten erscheint eine Gliederung auf Produktebene zu kleinteilig und derzeit nicht handhabbar, zumal auch der Haushalt der Stadt Achern derzeit lediglich auf Produktgruppenebene gesteuert wird. Die Ebene der Produktbereiche ist aufgrund der vielen unterschiedlichen Prüffel-

---

[81] Schlussbericht 2011: S.2f.

der, die sich innerhalb eines Produktbereiches ergeben können, eine zu grobe und undifferenzierte Gliederung. Die Prüfungslandkarte wird somit in erster Fassung auf der Produktgruppenebene aufgebaut und bewertet. Diese Variante ist aus Sicht des RPAs Achern, vor dem Hintergrund der Bewertungen, mit einem vertretbaren Aufwand zu bewältigen. Der schematische Aufbau der Prüfungslandkarte orientiert sich an dem Haushaltsquerschnitt des Haushaltsplans der Stadt Achern. Dort sind insgesamt zehn Teilhaushalte gebildet. Der Aufbau der Prüfungslandkarte für die Stadt Achern wird nachfolgend am Beispiel des Teilhaushalts 1 verdeutlicht, wobei die konkreten Kriterien und die Gewichtung der Kriterien zum besseren Verständnis zunächst vernachlässigt werden sollte.

	A	W	X	Y	Z	AA	AB	AC	AD
1	Prüfungslandkarte Rechnungsprüfungsamt Achern	Zustand des IKS	Finanzvolumen	Komplexität des Prüffeldes	Veränderungen P & O & IT	Ergänzungs-kriterium	Risikowert Gesamt	Turnus	Dokumentation
2	Gewichtung:	30%	20%	20%	20%	10%			
3	THH1 Verwaltungsmanagement								
4	1110 Steuerung						0		
6	1111 Organisation und Dokumentation kommunaler Willensbildung						0		
9	1112 Steuerungsunterstützung/Controlling						0		
14	1114 Zentrale Funktionen						0		
25	1120 Organisation und EDV						0		
31	1121 Personalwesen						0		
40	1122 Finanzverwaltung, Kasse						0		
48	1123 Justiziariat						0		
54	1126 Zentrale Dienstleistungen						0		
61	1130 Presse- und Öffentlichkeitsarbeit						0		
67	1132 Abgabewesen						0		

Abbildung 7: Aufbau der Prüfungslandkarte für das RPA Achern

In der vertikalen Ebene befinden sich die Produktgruppen des Teilhaushalts 1 „Verwaltungsmanagement". Die jeweiligen Risikokriterien sind horizontal angeordnet. Darunter sind die entsprechenden Gewichtungen ersichtlich. Neben den Risikokriterien befindet sich zudem die Spalte „Risikowert Gesamt". Diese Spalte gibt die Gesamt-Risikoziffer eines Prüffeldes an. Hier ist eine Formel hinterlegt, die aus den Teilwerten das Gesamtergebnis berechnet (Vgl. Punkt 3.2.6, Tabelle 4). Dahinter wird in der Spalte „Turnus" abhängig von der Risikokennziffer und dem festgelegten Prüfungs-rhythmus angezeigt, in welchem Abstand innerhalb der Mehrjah-resprüfungsplanung ein Prüffeld geprüft werden soll. Am Ende befindet sich die Dokumentationsspalte. Hier sind die Begründun-gen einzutragen, warum ein Risikokriterium in der jeweiligen Höhe bewertet wurde sowie ein Vermerk, wann die letzte Prüfung dieses Prüffeldes stattfand.

4.2.2 Auswahl der Risikokriterien

Bei dem vorliegenden Praxisansatz werden vier Hauptkriterien und ein sogenanntes Ergänzungskriterium zur Risikobeurteilung aus-gewählt. Um aus der Fülle der möglichen Kriterien für die Prü-fungsplanung des RPAs der Stadt Achern die geeignetsten Haupt-kriterien auszuwählen, werden Anforderungen formuliert. Zum einen muss die Eigenschaft eines hinreichenden Indikators gege-ben sein. Dies bedeutet, dass anhand der Ausprägung des Kriteri-ums zumindest indirekt auf die Fehlerhäufigkeit bzw. die Eintritts-wahrscheinlichkeit eines negativen Ereignisses indem Prüffeld und die daraus potenziell entstehende Schadenshöhe geschlossen wer-den kann. Zum anderen sollen mit den Hauptkriterien ausschließ-lich aufgabenimmanente Risiken bewertet werden. Somit kommen keine Einflüsse in Betracht, die vorwiegend extern angesiedelt sind. Die Risiken müssen sich unmittelbar aus der Aufgabe (Produkt-gruppe) heraus ergeben und gemäß der Risikobeschreibung die Zielerreichung der Kommune beeinträchtigen.

Neben den vier systemimmanenten Kriterien wurde mit dem fünf-ten Kriterium die bisher in Literatur und Praxis nicht diskutierte Möglichkeit eines variablen Ergänzungskriteriums eingeführt. Dies ist absolutes Neuland. Für das RPA der Großen Kreisstadt Achern wurden folgende Kriterien festgelegt:

Abbildung 8: Risikokriterien des RPAs Achern

a) Das Interne Kontrollsystem (IKS)

„Das IKS besteht aus der Summe aller Überwachungsmaßnahmen, die unmittelbar oder mittelbar in die Arbeitsabläufe integriert sind". Es wird als Risikokriterium bei der Risikobewertung berücksichtigt, da beide Voraussetzungen erfüllt werden. Das IKS hat in der Regel zwar keinen Einfluss auf die Schadenshöhe, vermindert aber bei einem guten Zustand dessen Eintrittswahrscheinlichkeit.[82] Mit diesem Kriterium kann demzufolge indirekt auf die Fehlerhäufigkeit eines Prüffeldes geschlossen werden (Indikatoreigenschaft).[83] Die Risikohöhe ist von dem Zustand des IKS abhängig. Dies bedeutet, dass Prüffelder mit eingeschränkten Kontrollmechanismen mit einem höheren Risikowert zu versehen sind.[84]

b) Das Finanzvolumen

Dies ist ein klassisches Kriterium, welches in fast jeder Risikobeurteilung verwendet wird. Hierbei handelt es sich um ein quantitatives Kriterium. Dies hat den Vorteil, dass keine subjektive Skalenzu-

---

[82] Bundesrechnungshof (2008): S.21f.

[83] Schiffer, T. (2000): S.1229

[84] Bundesrechnungshof (2008): S.15

ordnung nötig ist. Der Sachverhalt kann objektiv dem entsprechenden Skalenwert zugeordnet werden und ist somit einfach handhabbar und eindeutig nachvollziehbar. Das Finanzvolumen gibt Aufschluss über die potenzielle Schadenshöhe eines Prüffeldes geben. Umso höher das finanzielle Volumen eines Prüffeldes ist, desto höher können die finanziellen Auswirkungen für die Kommune sein. Je höher der finanzielle Schaden ist, desto stärker ist die Haushaltswirtschaft und damit die stetige Aufgabenerfüllung einer Kommune betroffen.

c) Die Komplexität des Prüffeldes

Die Komplexität eines Prüffeldes ergibt sich, wie das Finanzvolumen, direkt aus der Aufgabe heraus. Hierbei handelt es sich ebenfalls indirekt um einen Indikator für die Fehlerneigung (Eintrittswahrscheinlichkeit) von Prüffeldern.[85] Umso komplexer eine Aufgabe ist, desto höher sind die Anforderungen an die Mitarbeiter bezüglich Fachwissen, Erfahrung und Sorgfalt. Bei einem komplexen Prüffeld ist ein höheres Risiko anzunehmen, da umfassende und komplizierte Aufgaben und Prozesse ein Indiz für ein Fehlerpotenzial darstellen.[86]

d) Personal-, Organisations- und Prozessveränderungen

Bei Personalwechsel entstehen Risiken z.B. durch den Verlust von Wissen und Erfahrung (Know-how). Ein neuer Mitarbeiter besitzt die Fähigkeiten und das Wissen, die für das Prüffeld notwendig sind in der Regel nicht von Beginn an genau so gut wie sein Vorgänger, der eventuell schon längere Jahre diese Stelle inne hatte. In der Einarbeitungszeit passieren häufiger Fehler. Weitere Hinweise für Risiken können sich aus der Veränderung der Organisation ergeben. Verändern sich die Zuständigkeiten von Abläufen oder Aufgaben, könnte dies, wie beim Personalwechsel, bedingt durch die fehlende Routine, zu Unsicherheiten im Arbeitsablauf und somit zu Fehlern führen. Das Gleiche gilt für die Veränderungen von Prozessen. Zusammengefasst bedeutet dies, dass Veränderungen bei der

---

[85] Richter, M. (2011): S.8

[86] Erdmann, C. (2014): S.110

Aufgabenerledigung das Fehlerrisiko erhöhen. Somit kann anhand des Umfangs von Veränderungen auf die Eintrittswahrscheinlichkeit eines Fehlers geschlossen werden.

e) Ergänzungskriterium

Das Ergänzungskriterium ist kein von vornherein festgelegtes, sondern ein variables Kriterium, welches sich je nach Risikohinweis von Prüffeld zu Prüffeld ändern kann. Hierbei werden vorrangig Indizien berücksichtigt, die von externen Faktoren abhängig sind. Dies sind z.B. die politische Bedeutung, Hinweise und Beschwerden, ein erhöhtes Korruptionsrisiko, der Zeitabstand zur letzten Prüfung oder die Anzahl von Buchungen. Hintergrund des Ergänzungskriteriums ist der Ansatz, dass unterschiedliche externe Einflussfaktoren bei einzelnen Prüffeldern zusätzlich zu einem erhöhten Risiko führen können. Der Einsatz eines Ergänzungskriteriums bewirkt, dass die Risikobewertung der Prüffelder in diesem Punkt nicht immer statisch mit den gleichen Kriterien durchgeführt wird. Würden die Risiken der Prüffelder nur mit den vorher abschließend festgelegten Hauptkriterien bewertet werden, würden Gefährdungen, die nicht durch die definierten Risikokriterien abgedeckt werden, der Bewertung entzogen. Ausschlaggebend für den Einsatz eines dynamischen Ergänzungskriteriums ist, dass hierdurch die Risikobewertung flexibler gestaltet wird und die Anzahl der Kriterien dennoch übersichtlich bleibt. Dies führt vor allem dazu, dass eine weitläufigere Risikoabdeckung bei der Bewertung der Prüffelder gegeben ist und dadurch vorhandene Risiken nicht unberücksichtigt bleiben.

Nicht berücksichtigte Kriterien

Der beim Ergänzungskriterium angesprochene Zeitabstand zur letzten Prüfung bietet sich grundsätzlich als Hauptkriterium an. Hierbei besteht die Annahme, dass bei einem Prüffeld, dessen letzte Prüfung erst kürzlich stattgefunden hat, die Ursachen der Fehler festgestellt sind und durch entsprechende Maßnahmen behoben wurden. Ist der zeitliche Abstand zur letzten Prüfung größer, kann es sein, dass bereits neue Fehlerquellen entstanden sind.[87] Dieses Kriterium ist allerdings erst dann sinnvoll, wenn die risikoorientierte Prüfungsplanung über einen längeren Zeitraum eingeführt ist und auch im Laufe der Zeit zu einem (Groß-) Teil der Prüffelder eine Aussage in Bezug auf den Abstand zur letzten Prüfung getroffen werden kann. Erst dann ist es vorstellbar, dass dieses Kriterium als zusätzliches Hauptkriterium zur Risikobewertung aufgenommen wird. Wenn noch keine oder nur wenige Schwerpunktprüfungen der Verwaltung stattgefunden haben, kann auch noch keine weitläufige Aussage zum Abstand zur letzten Prüfung zu allen Prüffelder getroffen werden und somit keine Vergleichbarkeit dargestellt werden.

Im Fragebogen wurde ersichtlich, dass für die RPÄ zudem die Kriterien „Korruptionsrisiko", „Ergebnis der letzten Prüfung" und „Hinweise und Beschwerden" für die Beurteilung des kommunalen Risikos von Bedeutung sind.

In der vorliegenden Arbeit wurde unter anderem darauf verzichtet, das „Korruptionsrisiko" als Hauptkriterium einzubeziehen. Zunächst wurde dieser Indikator aber tatsächlich in die Risikobewertung mit eingeplant. Dies war naheliegend, da die Leiterin des örtlichen RPAs auch Antikorruptionsbeauftragte ist und somit den Wissensstand in diesem Themenbereich besitzt, der zur Korruptionsbeurteilung der Prüffelder notwendig ist. In einem weiteren Schritt wurde allerdings deutlich, dass der größte Indikator für ein Korruptionsrisiko das Finanzvolumen ist. Das Finanzvolumen ist allerdings ein eigenständiges Kriterium. Um eine Doppelerfassung zu vermeiden, kann das vorliegende Korruptionsrisiko nun nur noch mit Merkmalen belegt werden, die nicht finanziell geprägt sind. (vgl. Beschreibung unter Punkt: 4.2.4; S.41) Somit verliert das Korruptionsrisiko an Bedeutung. Außerdem ergibt sich das Korruptionsrisiko ohne das Finanzvolumen, wie alle Ergänzungskriterien, nicht mehr direkt aus der Aufgabe bzw. dem Prüffeld heraus und passt somit nicht in die definierten Anforderungen für ein Hauptkriterium.

---

[87] Richter, M. (2011): S.7f.

Das Kriterium „Ergebnis der letzten Prüfung" ist grundsätzlich ein aussagefähiges Kriterium, da es die Mängel der letzten durchgeführten Prüfung aufzeigt. Allerdings hat man sich bei der Stadt Achern dazu entschieden, das Risikokriterium „Zustand des Internen Kontrollsystems" zu verwenden. Beide Risikokriterien sollten dahingegen nicht gleichzeitig in einer Risikobeurteilung vorkommen, da dies zu einem Qualitätsverlust führen würde (vgl. Punkt 3.2.2 S.16).

Das Kriterium „Anzahl der Hinweise und Beschwerden" wurde ebenfalls nicht berücksichtigt. Zum einen ergeben sich diese nicht direkt aus der Aufgabe des Prüffeldes (Voraussetzung 1). Zum anderen erfüllen sie auch die Voraussetzung eines Indikators für die Eintrittswahrscheinlichkeit eines Schadens nicht hinreichend (Voraussetzung 2). Denn vor allem Hinweise und Beschwerden, die von außerhalb der Verwaltung herangetragen werden, müssten zunächst noch separat auf Sinnhaftigkeit und Qualität vor dem Hintergrund der Gefährdung der Zielerreichung der Kommune überprüft werden. Somit könnte nicht allein anhand derer quantitativer Anzahl ein entsprechender Risikowert beigemessen werden.

4.2.3 Skalenfestlegung

Für die Skalierung der Risiken wird eine fünf-stufige Skala verwendet. Der Vorteil dieser Skala ist, dass sie einem schulnotenartigen System nahe kommt und somit schon im Voraus eine Anwendungssicherheit bei der Risikobewertung verspricht. Dadurch kann bei den Bewertungen schneller eine Wiederholungsstabilität erreicht werden.[88] Ein Nachteil der Skala könnte sein, dass mit dem Wert „3" eine Mitte vorhanden ist. Dies könnte dazu führen, dass dieser Wert immer bei Unentschlossenheiten im Bewertungsvorgang als „Sicherheitsvariante" angekreuzt wird („Tendenz zur Mitte"). Auf der anderen Seite kann man den mittleren Wert dazu nutzen, um eine fehlende oder ungenügende Informationslage

---

[88] Erdmann, C. (2014): S.112; Schiffer, T. (2000): S.1231

wiederzugeben.[89] Immer, wenn in einem Prüffeld keine ausreichende Information für die Bewertung eines Risikokriteriums vorhanden ist, wird das Prüffeld mit dem Wert „3" bewertet. Das bedeutet, dass aufgrund der Informationslücke generell ein nicht unbedeutendes Risiko gegeben ist.

Darüber hinaus ist es wichtig, dass für alle Risikokriterien dieselbe Skala verwendet wird. Die Verwendung eines unterschiedlichen Skalenmodells für die jeweiligen Kriterien würde eine vorgezogene Gewichtung darstellen und somit die Funktion der nachfolgenden Gewichtung untergraben. Würde jedes Kriterium über die jeweilige Skalenlänge gewichtet werden, würden die Übersichtlichkeit und die Wiederholungsstabilität im Bewertungsvorgang verloren gehen.

4.2.4 Beschreibung der Skalenwerte

Bei der für die Stadt Achern in dieser Thesis erarbeitete risikoorientierte Prüfungsplanung, wurde das Bewertungssystem insgesamt transparent und leicht nachvollziehbar gestaltet. Um bei der Anwendung eine hohe Wiederholungsstabilität zu erreichen und um den Bewertungsvorgang zu einem späteren Zeitpunkt nachvollziehen zu können, wurde eine ausführliche Beschreibung der Skalenwerte konzipiert.[90]

Die umfassende Beschreibung der Skalenwerte ermöglicht zudem eine einfachere Einordnung der Merkmale und objektiviert somit den gesamten Prozess der Risikobewertung.

Nachfolgend werden die Beschreibungen der Skalenwerte für die ausgewählten Risikokriterien dargestellt.

a) Zustand des IKS,
b) Finanzvolumen
c) Komplexität des Prüffeldes
d) Personal-, Organisations- und Prozessveränderungen

---

[89] Erdmann, C. (2014): S.185

[90] Erdmann, C. (2014): S.116; Richter, M. (2011): S.12

e) Ergänzungskriterium

Da eine Bewertung anhand der Kriterien Zustand des IKS, Komplexität des Prüffeldes und Personal-, Organisations- und Prozessveränderungen aufwendiger ist, als eine lediglich quantitative Einordnung des Finanzvolumens, wurden diese Kriterien entsprechend ausführlicher mit Merkmalen belegt.

Außerdem wird bei den jeweiligen Kriterien erläutert, welche Beziehung einzelne Merkmale zueinander haben. Dies bedeutet, dass nicht alle Merkmale innerhalb einer Risikobewertung die gleiche Bedeutung für die Risikoeinstufung besitzen müssen. Darüber hinaus wird auf weitere Besonderheiten bei Bewertung eingegangen.

a) Zustand des Internen Kontrollsystems

Tabelle 7: Zustand des Internen Kontrollsystems[91]

Skalenwert	Ausprägung	Beschreibung/Merkmale
1	Sehr gut	• Richtlinien/Normen/Dienstanweisungen/Regelungen (organisatorische und technische) sind vorhanden • Richtlinien/Normen/Dienstanweisungen/Regelungen (organisatorische und technische) sind aktuell • Die Vorgesetzten nehmen ihre Überwachungsverpflichtung sehr ernst • Die Arbeitsprozesse sind klar beschrieben und zweckmäßig strukturiert • Die Mitarbeiter sind kompetent und engagiert
2	Gut	• Richtlinien/Normen/Dienstanweisungen/Regelungen (organisatorische und technische) sind weitgehend vorhanden • Richtlinien/Normen/Dienstanweisungen/Regelungen (organisatorische und technische) sind weitgehend aktuell • Die Vorgesetzten nehmen ihre Überwachungsverpflichtung wahr • Die Arbeitsprozesse sind zwar nicht komplett beschrieben,

[91] Vgl. Erdmann, C. (2014): S.185; Die ersten beide Merkmale wurden hierbei eigenständig konzipiert und ersetzen das im Folgenden beschriebene Merkmal „Fehlerquote".

		werden aber fachgerecht durchgeführt
3	Befriedigend	• Richtlinien/Normen/Dienstanweisungen/Regelungen (organisatorische und technische) sind teilweise vorhanden • Richtlinien/Normen/Dienstanweisungen/Regelungen (organisatorische und technische) sind teilweise aktuell • Die Vorgesetzten nehmen ihre Überwachungsverpflichtung eher am Rande wahr • Die Arbeitsprozesse sind teilweise beschrieben und strukturiert
4	Ausreichend	• Richtlinien/Normen/Dienstanweisungen/Regelungen (organisatorische und technische) sind nur geringfügig vorhanden • Richtlinien/Normen/Dienstanweisungen/Regelungen (organisatorische und technische) sind kaum aktuell • Die Vorgesetzten nehmen ihrer Überwachungspflicht nur sporadisch wahr • Die Arbeitsprozesse sind vereinzelt oder lückenhaft beschrieben und strukturiert
5	Mangelhaft	• Richtlinien/Normen/Dienstanweisungen/Regelungen (organisatorische und technische) sind nicht vorhanden • Richtlinien/Normen/Dienstanweisungen/Regelungen (organisatorische und technische) sind nicht aktuell • Die Vorgesetzten nehmen ihre Überwachungspflichten nicht wahr • Die Arbeitsprozesse sind nicht oder mangelhaft beschrieben und strukturiert • Mitarbeiterperspektive: Überlastungsanzeigen, Arbeitsrückstände, hoher Krankenstand

Bei dem Risikokriterium „Zustand des Internen Kontrollsystems" wurden die Beschreibungsmerkmale in einer Hierarchie angeordnet. Hierbei ist vorranging zu untersuchen, ob ordnungsgemäße Richtlinien, Normen, Dienstanweisungen und Regelungen existieren. Neben dem Vorhandensein ist zusätzlich deren Aktualität eine notwendige Voraussetzung für ein geringes Risiko. Wäre z.B. eine Dienstanweisung vorhanden, jedoch schon veraltet, hätte dies bei einer zwischenzeitlichen Veränderung der Aufgabe einen ähnlichen Effekt, wie wenn es keine Dienstanweisung gäbe. Da zu den weiteren Merkmalen nicht immer eine nutzbare Aussage getroffen werden kann und diese somit immer gleichgut beurteilt werden können, sind sie zunächst nachrangig zu betrachten. Die Tendenz, in

welche Skalenregion ein Prüffeld bei diesem Risikokriterium eingeordnet wird, entscheidet sich somit vorrangig durch die beiden
Primärmerkmale. Die sekundären Indizien können lediglich bei
extremen Abweichungen noch zu einer Veränderung des Endska-
lenwerts beitragen. Dies bedeutet beispielhaft, dass ein Prüffeld
mit vorhandenen und aktuellen Richtlinien und Dienstanweisungen
grundsätzlich mit dem Wert „eins" bewertet werden kann. Nehmen
allerdings die Vorgesetzten ihre Überwachungsverpflichtungen nur
sporadisch wahr und sind die Arbeitsprozesse nur lückenhaft beschrieben, wird dies dazu führen, dass der Risikowert nach oben
korrigiert werden muss. Nun erscheint ein Wert von „zwei" angemessener.

Entgegen der Vorgehensweise in der Literatur[92] wurde in dieser
Arbeit entschieden, die Höhe der Fehlerquoten nicht als Merkmals-
beschreibung bzw. Einordnungskriterium zu berücksichtigen, da
der Zustand des IKS indirekt ein Indikator für die Fehlerneigung
eines Prüffeldes ist. Dies bedeutet, dass ein gutes IKS dazu dient,
die Fehlerhäufigkeit zu senken. Damit die Indikatoreigenschaft
aufrechterhalten wird, sollte nicht von der Fehlerquote auf das
Kriterium, sondern von dem Kriterium auf die Fehlerquote geschlossen werden.

b) Finanzvolumen

Tabelle 8: Finanzvolumen

Skalenwert	Ausprägung	Merkmale/Beschreibung
1	Sehr niedrig	• Bis 50.000 Euro
2	Niedrig	• > 50.000 bis 250.000 Euro
3	Mittel	• > 250.000 bis 500.000 Euro
4	Hoch	• > 500.000 bis 1.000.000 Euro
5	Sehr hoch	• > 1.000.000 Euro

---

[92] Erdmann, C. (2014): S.185; Richter, M. (2011): S.37

Bei dem Risikokriterium „Finanzvolumen" kommt es auf die jeweilige Höhe der Erträge, Aufwendungen, Einzahlungen oder Auszahlungen an. Hierbei müssen verschiedene Abstufungen festgelegt werden. Die Große Kreisstadt Achern weist für das Haushaltsjahr 2017 im Ergebnishaushalt Erträge in Höhe von 56.765.440 Euro und Aufwendungen in Höhe von 55.938.900 Euro auf. Im Finanzhaushalt 2017 werden Einzahlungen in Höhe von 55.165.400 Euro und Auszahlungen in Höhe von 52.338.900 Euro veranschlagt. Um eine wirkungsvolle Abstufung zwischen den einzelnen Beschreibungen für die Skalenwerte zu erreichen, wurde der Haushaltsquerschnitt sowohl auf Ergebnis- als auch auf Finanzseite betrachtet. Zweckmäßigerweise sollten für alle Skalenwerte in etwa die gleiche Anzahl an Prüffelder (vorliegend die Produktgruppen) zugeordnet werden können. Da bei der Stadt Achern die Produktgruppen zum größten Teil ein Volumen unter 1.000.000 Euro aufweisen, wurde auch eine differenziertere Staffelung im Bereich zwischen 0 und 1.000.000 Euro vorgenommen. Der Nachteil dieser Methode ist, dass im Bereich über 1.000.000 Euro deutlich voneinander abweichende Beträge vorhanden sind. Dies wird z.B. im Vergleich zwischen der Produktgruppe „1110 Steuerung" (Aufwendungen: 1.415.304 Euro) und der Produktgruppe „36.50 Förderung von Kindern in Tageseinrichtungen" (Aufwendungen 7.310.322 Euro) oder der Produktgruppe „6110 Steuern, allgemeine Zuweisungen, allgemeine Umlagen" (Aufwendungen: 18.520.000 Euro) ersichtlich. Trotz der großen Differenz zwischen den Beträgen, werden diese mit dem gleichen Risikowert beurteilt.

c) Komplexität des Prüffeldes

Tabelle 9: Komplexität des Prüffeldes[93]

Skalenwert	Ausprägung	Beschreibung
1	Sehr einfach	<ul><li>Wenige (Aufgaben-) Prozesse</li><li>Sehr geringe Aufgabenvielfalt</li><li>Rechtsanwendungen gering und ohne besondere Auslegungsprobleme</li><li>Schnelle Einarbeitung möglich, keine besonderen Fachkenntnisse oder Berufsabschlüsse erforderlich</li><li>Keine Auswirkung auf andere Bereiche (autark)</li></ul>
2	Einfach	<ul><li>Geringe (Aufgaben-) Prozesse</li><li>Geringe Aufgabenvielfalt</li><li>Rechtsanwendungen ohne besondere Auslegungsprobleme</li><li>Längere Einarbeitung aber keine besonderen Fachkenntnisse oder Berufsabschlüsse erforderlich</li><li>Geringe Auswirkung auf andere Bereiche</li></ul>
3	Mittel	<ul><li>Überschaubare (Aufgaben-) Prozesse</li><li>Mittlere Aufgabenvielfalt</li><li>Rechtsanwendungen mit einem normalen Schwierigkeitsgrad</li><li>Keine besonderen Fachkenntnisse oder Berufs-abschlüsse, aber längere Einarbeitung nötig</li><li>Auswirkung auf andere Bereiche</li></ul>
4	Hoch	<ul><li>Mehrere (Aufgaben-) Prozesse</li><li>Große Aufgabenvielfalt</li><li>Komplexe Rechtsanwendungen mit wenig Ermessenspielräumen</li><li>Längere Einarbeitung und besondere Fachkenntnisse oder Berufsabschlüsse erforderlich</li><li>Auswirkung auf zahlreiche andere Bereiche</li></ul>
5	Sehr hoch	<ul><li>Viele, zahlreiche (Aufgaben-) Prozesse</li><li>Sehr große Aufgabenvielfalt</li></ul>

---

[93] Vgl. Richter, M. (2011): S.38

		<ul><li>Komplexe Rechtsanwendungen mit hohen Ermessensspielräumen</li><li>Längere Einarbeitung, Erfahrung und besondere Fachkenntnisse und Berufsabschlüsse erforderlich</li><li>Verwaltungsweite Auswirkungen</li></ul>

Dieses Risikokriterium ist ebenfalls indirekt ein Indikator für die Fehlerneigung eines Prüffeldes.[94] Hierbei wird davon ausgegangen, dass sich die Fehlerhäufigkeit in Abhängigkeit der Ausprägung der oben genannten Merkmale ergibt. Es wird eine höhere Fehlerhäufigkeit erwartet, desto stärker diese Merkmale ausgeprägt sind. So führen z.b. eine ständige Veränderung der Aufgaben, eine große Aufgabenvielfalt oder komplexe Rechtsanwendungen mit hohen Ermessensspielräumen zu einem hohen Risiko. Grundsätzlich gilt, dass nicht alle Merkmale innerhalb einer Risikostufe erfüllt sein müssen. Hierbei sollte ein Gesamtüberblick über die einzelnen Merkmale verschafft werden. Da ein ganzheitlicher Überblick nötig ist, bietet sich nach der Einstufung aller sechs Beschreibungsmerkmale das Durchschnittsverfahren an. Auf der anderen Seite sollte allerdings kritisch betrachtet werden, dass eine extreme Abweichung einzelner Merkmale bei dem Durchschnittsverfahren unter Umständen nur geringfügig zur Geltung kommt. Weicht z.B. ein einzelnes Merkmal deutlich von den anderen ab, sollte eine differenzierte Betrachtung erfolgen.

d) Personal-, Organisations- und Prozessveränderungen

Tabelle 10: Personal-, Organisations- und Prozessveränderungen

Skalenwert	Ausprägung	Merkmale/Beschreibung
1	Sehr niedrig	<ul><li>keine Veränderungen des Personals, der Organisation oder der Prozesse</li></ul>
2	Niedrig	<ul><li>geringe Fluktuationsrate und/oder wenig Führungskräftewechsel</li></ul>

---

[94] Richter, M. (2011): S.8

		• geringe Veränderungen in der Organisation • geringe Veränderungen bei den Prozessen
3	Mittel	• überschaubare Fluktuationsrate und/oder gelegentliche Führungskräftewechsel • überschaubare Veränderungen in der Organisation • überschaubare Veränderungen bei den Prozessen
4	Hoch	• erhöhte Fluktuationsrate und/oder mehrere Führungskräftewechsel • mehrere Veränderungen in der Organisation • mehrere Veränderungen bei den Prozessen
5	Sehr hoch	• hohe Fluktuationsrate und/oder viele Führungskräftewechsel • Umfangreiche Veränderungen in der Organisation • Umfangreiche Veränderungen bei den Prozessen

Dieses Risikokriterium erfasst grundlegende Veränderungen innerhalb eines Prüffeldes. Die Risiken, die sich aus den Veränderungen ergeben können, wurden unter Punkt 4.2.3 bereits erklärt. Eine Besonderheit ergibt sich bei den Personalwechseln. Dieses Merkmal sollte differenziert betrachtet werden. Hierbei ist zu beachten, dass es sowohl die Fluktuation von Mitarbeitern als auch von Führungskräftewechsel gibt. Ansonsten ist die Risikobewertung bei diesem Kriterium danach vorzunehmen, wie zahlreich bzw. umfangreich die einzelnen Veränderungen stattgefunden haben. Je zahlreicher bzw. umfangreicher Veränderungen sind, desto höher muss die Risikobewertung vorgenommen werden.

e) Ergänzungskriterium

Tabelle 11: Ergänzungskriterium

Skalenwert	Ausprägung	Beschreibung
1	Sehr einfach	• Keine Hinweise und Beschwerden • Kein Korruptionsrisiko • Sehr geringe Anzahl an Buchungen • Keine anderen Risken erkennbar

2	Einfach	• Wenige Hinweise und Beschwerden • Geringes Korruptionsrisiko • Geringe Anzahl an Buchungen • Andere Risiken geringfügig vorhanden
3	Mittel	• Moderate Hinweise und Beschwerden • Korruptionsrisiko vorhanden • Mittlere Anzahl an Buchungen • Andere Risiken in moderatem Ausmaß vorhanden
4	Hoch	• Erhöhte Anzahl an Hinweise und Beschwerden • Erhöhtes Korruptionsrisiko • Erhöhte Anzahl an Buchungen • Andere Risiken in erhöhtem Ausmaß vorhanden
5	Sehr hoch	• Hohe Anzahl an Hinweise und Beschwerden • Hohes Korruptionsrisiko • Hohe Anzahl an Buchungen • Andere Risiken in hohem Ausmaß vorhanden

Bei dem Ergänzungskriterium liegt der Fokus hauptsächlich auf externe Einflussfaktoren, die in den Prüffeldern unterschiedlich vorhanden sein können. An dieser Stelle wird das höchste aufgabenexterne Risiko in der Risikobeurteilung berücksichtigt, um die externen Einflüsse in angemessener Höhe wiederzugeben. Deshalb findet das Ergänzungskriterium in der Höhe Anwendung, in der das spezifisch am stärksten ausgeprägten Merkmal identifiziert wird. Sind in einer Produktgruppe mehrere externe Risikofaktoren parallel vorhanden, kumuliert sich das Risiko entsprechend.

Hinweise und Beschwerden können unter Umständen Indikatoren für die Fehlerneigung eines Prüffeldes sein. Sie sind Anzeichen, die auf eine ungenügende Aufgabenerfüllung hinweisen. Es wird zwischen internen und externen Hinweisen und Beschwerden unterschieden. Interne sind solche, die von anderen Organisationseinheiten innerhalb der Verwaltung zugetragen werden. Externe sind Mängel, auf die von Bürgern oder unter Umständen vom Gemeinderat aufmerksam gemacht wird.

Ein Prüffeld enthält dann ein hohes Korruptionsrisiko, wenn Dritte durch ein entscheidungserhebliches Verhalten von Beschäftigten bedeutende Vorteile erhalten können. Besonders korruptionsgefährdet sind vor allem Prüffelder die mit häufigen Außenkontakten verbunden sind, die Auflagen, Konzessionen und Genehmigungen erteilen oder die Gebühren erheben und festsetzen. In Betracht kommen auch Prüffelder, die Vorgänge mit behördeninternen Informationen bearbeiten, die für andere nicht bestimmt sind.[95] Hierzu gehören Informationen, die üblicherweise nicht legal oder nur bei Vorliegen von bestimmten Voraussetzungen, die über eine reine Antragstellung hinausgehen, zu erhalten sind.[96]

Ob in einem Prüffeld gebucht wird, entscheidet sich zunächst direkt aus der Aufgabe heraus. Die Anzahl der Buchungen ergibt sich allerdings je nach Prüffeld aus externen Gegebenheiten. So wird die Anzahl der Buchungen z.B. bei der Beantragung eines Personalausweises oder der Kindergartengebühr dadurch bestimmt, wie oft diese Produkte von Bürgern in Anspruch genommen werden. Je öfters innerhalb eines Prüffeldes gebucht wird, desto höher besteht die Gefahr, dass sich darunter Fehlbuchungen befinden.

Wie bereits oben erläutert, dürfen diese Kriterien bei dem dynamischen Ergänzungskriterium keine abschließenden Merkmale darstellen. Gibt es innerhalb eines Prüffeldes andere Anhaltspunkte als die oben genannten Risiken, könnten diese entsprechend ihrer Bewertung in der Risikobeurteilung berücksichtigt werden.

4.2.5 Gewichtung der Risikokriterien

Bei der Gewichtung der Risikokriterien wurde ein Gewichtungsmodell mit Prozentsätzen ausgewählt. Eine Gewichtung über unterschiedlich lange Skalen wurde aus Gründen der Übersichtlichkeit von vornherein ausgeschlossen. Mit der prozentualen Gewichtung sollen die Bedeutungsunterschiede zwischen den Risikokriterien schon im Vorhinein strukturiert hervorgehoben werden.

---

[95] Bundesministerium des Innern (2012b): S.4

[96] Bundesministerium des Innern (2012a): S.6

Tabelle 12: Gewichtung der Kriterien bei der Stadt Achern

Risikokriterium	Gewichtung
Zustand des Internen Kontrollsystems	30%
Finanzvolumen	20%
Komplexität des Prüffeldes	20%
Personal-, Organisations- und Prozessveränderungen	20%
Ergänzungskriterium	10%
	= 100%

Unter den vier Hauptkriterien wird der Zustand des Internen Kontrollsystems höher gewichtet als die anderen Kriterien. Würde das Risikokriterium Finanzvolumen am höchsten Gewichtet, hätte dies dazu geführt, dass die Prüffelder mit einem höheren finanziellen Volumen tendenziell öfters geprüft werden. Die Prüffelder mit einem sehr hohen Finanzvolumen würden voraussichtlich sogar fast jährlich in die Prüfungsplanung eingeplant werden. Bei solchen Prüffeldern handelt es sich allerdings häufig um automatische Datenverarbeitungsgesteuerte Massenverfahren. Das Risiko kann bei diesen standardisierten Verfahren zielgerichteter durch die Prüfung der systemgestützten (internen) Kontrollsysteme beurteilt werden.[97]

Der Zustand des Internen Kontrollsystems wird zudem höher gewichtet als die Komplexität des Prüffeldes. Hierunter verbirgt sich die Annahme, dass mit einem vorhandenen und funktionierenden Internen Kontrollsystem auch ein komplexes Prüffeld kontrolliert werden kann. Gibt es ausreichende und aktuelle Regelungen und Dienstanweisen, sind die Arbeitsprozesse klar beschrieben und nimmt der Vorgesetzte seine Überwachungsmaßnahmen sorgfältig wahr, sind die Voraussetzungen gegeben, dass auch komplizierte Prüffelder ordnungsgemäß bearbeitet werden. Außerdem ist

---

[97] Erdmann, C. (2014): S.157

nicht im Vorhinein ausgeschlossen, dass in einem komplexen Prüffeld die Arbeitsvorgänge dennoch überwiegend fehlerfrei ablaufen.

Das Gleiche gilt für Veränderungen in den Bereichen Personal, Organisation und Prozesse. Liegt ein sehr gutes Internes Kontrollsystem in der Form vor, dass Richtlinien, Normen, Dienstanweisungen und Reglungen vorhanden und aktuell sind, sowie die Arbeitsprozesse klar beschrieben wurden und die Vorgesetzten ihre Überwachungsmaßnahmen ernst nehmen, wirkt dies dem Risiko, das sich aus Veränderungen ergibt, entgegen. Aufgrund der unmittelbaren und mittelbaren Überwachung der Arbeitsprozesse sowie deren klare und deutliche Beschreibung, wird die Einarbeitung in neue Aufgaben(-gebiete) erleichtert und zusätzlich effektiv überwacht.

Ein weiterer Grund weshalb der Zustand des Internen Kontrollsystems höher gewichtet wird, liegt darin, dass durch ein gutes IKS das Risiko präventiv minimiert werden kann und dies das einzige Risikokriterium ist, an dem aus der Sicht des RPAs im Rahmen einer Prüfung Änderungen vorgenommen werden können. Werden in einer Prüfung Auffälligkeiten entdeckt, wird in der Regel empfohlen, das Interne Kontrollsystem zu verbessern. Nur an diesem Risikokriterium kann durch Verbesserungsvorschläge etwas verändert werden. Das RPA hat keinen Einfluss auf die Faktoren Finanzvolumen, Komplexität des Prüffeldes oder auf die personellen, organisatorischen und prozessualen Veränderungen.

Dem Ergänzungskriterium wird eine geringere Gewichtung zugeordnet, da externe Einflussfaktoren eine Rolle spielen, die durch entsprechende Sicherheitsmaßnahmen begrenzt werden können. Hier werden lediglich Risiken, die zusätzlich auftreten können und nicht die definierten Voraussetzungen erfüllen, beschrieben. Sie sind entweder keine aufgabenimmanenten Risiken, die sich direkt aus der Aufgabenerledigung des Prüffeldes ergeben und/oder besitzen keine Indikatoreigenschaft. Eine weitere Ursache, warum das Ergänzungskriterium eine niedrigere Gewichtung erhält, liegt darin, dass bei einer zu hohen Gewichtung der Risikovergleich zwischen den einzelnen Prüffeldern teilweise verloren gehen würde. Würde sich ein erheblicher Teil der Risikowerte durch jeweils ein anderes

Merkmal des Ergänzungskriteriums, also durch ein anderes externes Kriterium ergeben, würde bei der Ermittlung der Prüffreihenfolge nicht dieselben Risikowerte gegenübergestellt werden. Außerdem würde nicht jedes erdenkliche Ergänzungskriterium die höher gewählte Gewichtung rechtfertigen können. Dies hätte als Konsequenz, dass unter Umständen ein Risikowert ein nicht realitätsgetreues Ergebnis wiedergeben würde.

4.3 Mögliche Prüfungslandkarte für das RPA der Stadt Achern

Das Resultat der vorliegenden Thesis ist die Erarbeitung einer umfassenden Prüfungslandkarte für das RPA der Großen Kreisstadt Achern. Diese enthält zur Bewertung, wie bereits oben beschrieben, die Produktgruppen sowie die ausgewählten Risikokriterien mit der jeweiligen Gewichtung (vgl. Anlage Nr.5). Ergänzend zur rein produktgruppenorientierten Betrachtungsweise wurde eine Matrixstruktur hinterlegt, um einerseits die Bewertung zu erleichtern und andererseits die Möglichkeit zu haben, die Prüfungslandkarte zu erweitern. In der Matrix können zu jeder Prüfung vertikal die dazugehörenden Produkte und horizontal die entsprechenden Organisationseinheiten eingeblendet werden. Die Organisationseinheiten werden auf Fachgebietsebene abgebildet. (vgl. Anlage Nr.6) Dies führt dazu, dass ein tiefergehender Überblick ermöglicht wird. Die Produkte liefern weitere Informationen über die tatsächlichen Aufgaben und konkretisieren somit die jeweilige Produktgruppe.

5. Schlussbetrachtung

Gemäß dem Entwurf zur neuesten Änderung der Gemeindeprüfungsordnung soll die Prüfungsplanung, sofern hinsichtlich Prüfrhythmus und –umfang keine gesonderten Regelungen bestehen, risikoorientiert erfolgen (vgl. § 1 Abs. 2, 3 Abs. 1 GemPrO-E). Kommunale Prüffelder mit einem größeren Risiko sollen demnach häufiger und umfänglicher geprüft werden, als solche mit einem geringeren Risiko.

In der vorliegenden Arbeit wurde aufgezeigt, wie eine Ausgestaltung der risikoorientierten Prüfungsplanung für RPA theoretisch aufgebaut und in der Praxis umgesetzt werden kann. Die grundlegenden Standardschritte zur Erstellung einer risikoorientierten Prüfungsplanung beziehen sich hierbei zunächst auf das Muster aus der Dissertation zur „Risikoorientierten (Mehr-)Jahresprüfungsplanung in der kommunalen Rechnungsprüfung" von Erdmann. Diese führen über den Aufbau einer Prüfungslandkarte, die Auswahl der Risikokriterien, die Skalenbeschreibung der Risikokriterien und der Beschreibung der Skalenwerte zu den Risikokennzahlen der Prüffelder. Die einzelnen Arbeitsschritte wurden unter der Betrachtung weiterer Aspekte und Ansätze umfangreich analysiert, ergänzt und erweitert.

Die Schwierigkeit dieses Themenkomplexes liegt unter anderem darin, das praxisnahe Thema der risikoorientierten Prüfungsplanung wissenschaftlich darzustellen. Als hinderlich erweist sich die Tatsache, dass hierzu aktuell noch wenig Literatur auf kommunaler Ebene vorhanden ist. Aufgrund der vorgeschriebenen Begrenzung der Bachelorarbeit ging es zudem darum, die Theorie möglichst kompakt darzustellen. Diese darf nur insoweit begrenzt werden, dass immer noch genügend Input, welcher zum Verständnis des praktischen Teils benötigt wird, vorhanden ist. Die Hauptaufgabe und zugleich auch die größte Herausforderung der risikoorientierten Prüfungsplanung ist es, geeignete Kriterien zur Beurteilung der Risiken der Prüffelder zu finden und die Ausprägung der Risiken mit Merkmalen bzw. Beschreibungen zu belegen. Die Merkmale dienen dazu, die Risikobewertung zu objektivieren. Dieser Arbeitsschritt ist notwendig um eine Standardisierung im Bewertungsvorgang und somit eine Wiederholungsstabilität bei der Anwendung möglich zu machen.

Die Stärke der vorliegenden Arbeit liegt vor allem darin, dass die gerade beschriebenen komplexen Prozesse der Auswahl der Kriterien und deren Skalenbeschreibung differenziert betrachtet werden. So werden z.B. die Verwendung einzelner Kriterien oder bereits vorhandene Merkmalsbeschreibungen zu den Kriterien kritisch hinterfragt und mit Verbesserungsmöglichkeiten verknüpft. Die bisher vorhandenen theoretischen Modelle wurden dementsprechend nicht einfach übernommen. Vielmehr wurde durch den ständigen Austausch mit dem RPA Achern versucht, die theoretischen Ansätze praxisnah und insbesondere praxistauglich auszugestalten. Die Theorie wurde an inhaltlich komplizierteren Stellen mit Grafiken verdeutlicht und dadurch vereinfacht dargestellt.

Außerdem wurde ein Fragebogen in die Arbeit eingebunden. Die Ergebnisse wurden bei der Tagung der RPÄ der Regierungsbezirke Freiburg und Karlsruhe am 06.04.2017 in Mühlacker besprochen. Die Resultate zeigten, dass bisher nur einige RPÄ eine risikoorientierte Prüfungsplanung durchführen. Aufgrund der oben beschriebenen Problematik, der Vielzahl an kommunalen Prüffeldern und der hierfür oftmals zu geringen Ressourcen in den RPÄ, wird eine risikoorientierte Prüfungsplanung zukünftig verstärkt in den Fokus der örtlichen Prüfungen geraten.

Literaturverzeichnis

Ade, Böhmer, Brettschneider, Herre, Lang, Notheis, Schmid, Steck. (2011). *Kommunales Wirtschaftsrecht in Baden-Württemberg*. 8. Auflage Stuttgart: Richard Boorberg Verlag GmbH & Co KG.

Arbeitsgemeinschaft der Leitungen der kirchlichen Rechnungsprüfungseinrichtungen (kirpag). (2015). *Handbuch zur Sicherung Qualität in der kirchlichen Rechnungsprüfung*. verfügbar: http://rpa-ekhn.de/fileadmin/content/rpa/download/Handbuch_zur_Qualitaet ssicherung_Version_2.0.pdf (Zugriff am 31.08.2017).

Arbeitsgemeinschaft der Rechnungsprüfungsämter in Hessen. (April 2001). *Neue Aufgaben und Betätigungsfelder für die Rechnungsprüfung*. verfügbar: http://www.revisionsamt.de/Neue%20Aufgaben.pdf (Zugriff: am 06.08.2017).

Böhmer, Brettschneider, Beck. (2016). *Kommunales Finanzmanagement in Baden-Württemberg*. 2. Aufl. Witten: Verlag Bernhardt-Witten.

Bundesministerium des Innern. (2012b). Empfehlungen zur Korruptionsprävention in der Bundesverwaltung (Stand: 09.02.2012). Az.: O 4-013 001 - 1/3 .

Bundesministerium des Innern. (2012a). Handreichung der AG Standardisierung zur Feststellung besonders korruptionsgefährdeter Arbeitsgebiete (Stand: 04.01.2012). Az.: O 4-013001 - 1/6.

Bundesrechnungshof. (2008). Mitteilung an das Bundesministerium des Inneren über die Prüfung der Ansätze zur Risikoorientierung bei der Arbeit von Internen Revisionen in der Bundesverwaltung. Nicht veröffentlicht.

Donle, M., & Richter, M. (2006). Neuordnung der Überwachung und der Finanzkontrolle in der öffentlichen Verwaltung. In: Public Management - Grundlagen, Wirkung, Kritik; Festschrift für Christoph Reichard. (M. R. Werner Jann, Hrsg.) Berlin, S.205-220.

Erdmann, C. (2014). Risikoorientierte
(Mehr)Jahresprüfungsplanung in der kommunalen
Rechnungsprüfung. Wiesbaden: Kommunal- und Schul-Verlag.

Gemeindetag Baden-Württemberg. (Pressemitteilung vom
7.8.2015). Kein Stoff zum Träumen: Ertragskraft der kommunalen
Haushalte in Baden-Württemberg ist schwach.

Gesetzesbegründung der Gemeindeprüfungsordnung (Entwurf).
(2017). Nicht veröffentlicht.

IDR Prüfungsleitlinie 110 "Grundlagen der Rechnungsprüfung"
(Stand: 25.01.2012). Verfügbar:
http://www.idrd.de/fileadmin/user_upload/idr/downloads/Pruefung
sleitlinien/IDR_L_110-Grundlagen-der-Rechnungspruefung.pdf
(Zugriff: 12.08.2017).

IDR Prüfungsleitlinie 200. *"Leitlinien zur Durchführung kommunaler
Jahresabschlussprüfungen (Stand: 17.02.2009).* Verfügbar:
http://www.idrd.de/fileadmin/user_upload/idr/downloads/Pruefung
sleitlinien/IDR_L_200-Durchfuehrung-von-kommunalen-
Jahresabschlusspruefungen.pdf (Zugriff: 12.08.2017).

IDR und Gemeinsame Arbeitsgruppe Fortbildungskonzept
"Zertifikat für Rechnungsprüfer". (2014). *Fortbildung für die
Rechnungsprüfung.* Gütersloh: Institut der Rechnungsprüfer
Deutschlands.

KGSt Bericht 1997 Nr.2. (1997). *Rechnungsprüfung und Neues
Steuerungsmodell.* Köln: Kommunale Gemeinschaftsstelle für
Verwaltungsmanagement.

KGSt Bericht 2002 Nr.9. (2002). *Praxis der kommunalen
Rechnungsprüfung.* Köln: Kommunale Gemeinschaftsstelle für
Verwaltungsmanagement.

KGSt Bericht 2007 Nr.7. (2007). Rechnungsprüfung im neuen
Haushalts- und Rechnungswesen, Band 1: Grundlagen, Optionen,
Vorgehensmodelle. Köln: Kommunale Gemeinschaftsstelle für
Verwaltungsmanagement.

KGSt Bericht 2011 Nr.5. (2011). *Kommunales Risikomanagement Teil 1: Das kommunale Frühwarnsystem*. Köln: Kommunale Gemeinschaftsstelle für Verwaltungsmanagement.

Kunze/Bronner/Katz. Gemeindeordnung für Baden-Württemberg, 4. Aufl., Loseblatt-Kommentar, Stand: Mai 2016. Stuttgart: Kohlhammer-Verlag.

Loibl, F., & Streßow, M. (2008). Risikoorientierte Prüfungsplanung - Praxisbeispiel des Rechnungsprüfungsamtes der Deutschen Rentenversicherung Bund. in RV Aktuell, Deutsche Rentenversicherung.

Mindestanforderungen an das Risikomanagement "MaRisk". (2015). *Revisionshandbuch für die Interne Revision in Kreditinstituten.* Deutsches Institut für Interne Revision e.V. Verfügbar: http://www.diir.de/fileadmin/fachwissen/revisionshandbuch-marisk.pdf (Zugriff: 13.08.2017).

Rechnungswesen und Controlling. (Stand 2017). *Das Steuerungshandbuch für Kommunen*. (Böhmer/Kegelmann/Kientz, Hrsg.) Loseblattwerk: Haufe-Verlag.

Richter, M. (2011). Risikoorientierte Jahresplanung der Tätigkeit einer Internen Revision - eine Fallstudie am Beispiel einer fiktiven Behörde. (Nicht veröffentlicht).

Sächsischer Rechnungshof. (Februar 2004). *Beratende Äußerung "Empfehlungen für die Durchführung der örtlichen Prüfung in Gemeinden mit weniger als 20.000 Einwohnern.* verfügbar: http://www.rechnungshof.sachsen.de/files/ba040401.pdf (Stand: 06.08.2017) Az.:2-14000000F135-03.03 1050/04.

Schiffer, T. (2000). *Risikoorientierte Prüfungsplanung in deutschen Banken*. In: Der Schweizer Treuhänder 2000, S.1227 - 1234.

Schlussbericht 2011: "Bericht über die örtliche Prüfung der Jahresrechnung 2011 der großen Kreisstadt Achern". (2012). Rechnungsprüfungsamt Achern (Nicht veröffentlicht).

Schwarting, G. (2012). Risikomanagement - von der Analyse zur vorausschauenden Gestaltung. In: Verwaltung und Management, S.232-238.

Anlagenverzeichnis

Anlage 1: Organisationsgegliederte Prüfungslandkarte (Beispiel)XIII
Anlage 2: Beschreibung der Risikokriterien....................................XIV
Anlage 3: Fragebogen an die Rechnungsprüfungsämter............XVII
Anlage 4: Organigramm der Stadtverwaltung Achern................XIX
Anlage 5: Prüfungslandkarte des RPAs Achern...........................XX
Anlage 6: Prüfungslandkarte mit Produkten................................XXI

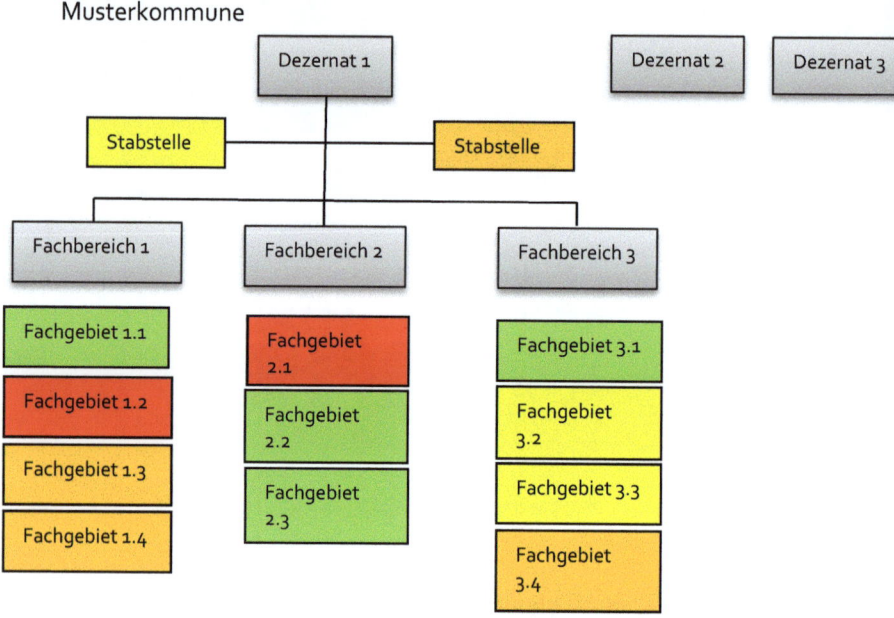

Beispiel Fachgebiet 1.1

Fachgebiet 1.1	Gesamtrisiko = niedrig
Prüfthema 1 →	Risiko = gering
Prüfthema 2 →	Risiko = gering
Prüfthema 3 →	Risiko = hoch
Prüfthema 4 →	Risiko = gering

Legende Risikogefährdung:

grün = geringes Risiko

gelb = mittleres Risiko

orange = erhöhtes Risiko

rot = hohes Risiko

Anzahl der Buchungen

Je mehr Buchungen in einem Prüffeld vorkommen, desto wahrscheinlicher ist es, dass sich darunter Fehlbuchungen befinden. Bei diesem Kriterium kann das Risiko durch den Vergleich des relativen Anteils der Buchungen von Prüffeld zu Prüffeld eingestuft werden.

Anzahl der Dienstposten/Mitarbeiter

Umso mehr Mitarbeiter in einem Prüfbereich arbeiten bzw. umso mehr Dienstposten vorhanden sind, desto höher ist die Eintrittswahrscheinlichkeit eines Schadens aufgrund Fehler bei der Aufgabenerledigung.

Außenwirkung / politische Bedeutung

Besitzt ein Prüffeld eine umfangreiche Außenwirkung oder eine große politische Bedeutung kann dies dazu führen, dass das Prüffeld eine erhöhte Aufmerksamkeit von außerhalb der Verwaltung erhält. Steht ein Prüffeld unter ständiger Beobachtung der Öffentlichkeit, können sogar kleinste Fehler Aufsehen erregen und das Ansehen der Behörde schädigen.

Ergebnis der letzten Prüfung

Wurden bei einer Prüfung in der Vergangenheit auffällig viele Fehler in einem Prüffeld identifiziert, spricht dies generell für ein erhöhtes Risiko gegenüber solchen Prüffeldern, die bei der Prüfung weitgehend in Ordnung waren.

Finanzvolumen

Die Berücksichtigung von finanziellen Auswirkungen ist in der Praxis ein häufig gewähltes Kriterium. Je höher das Finanzvolumen eines Prüffeldes ist, desto höher ist das Risiko. Ein Schaden bei einem Prüffeld mit einem großen Finanzvolumen kann unter Umständen zu einem großen finanziellen Schaden führen.

Hinweise und Beschwerden

Hinweise und Beschwerden können entweder intern oder extern angesiedelt sein. Interne Beschwerden werden direkt von Mitarbeitern der Verwaltung oder einer bestimmten Organisationseinheit ausgesprochen. Externe Beschwerden kommen von Bürger der Gemeinde. Hierbei kommt es vor allem auf die absolute Anzahl der Hinweise und Beschwerden an.

Komplexität des Prüffeldes

Die Komplexität eines Prüffeldes beurteilt sich beispielsweise nach dessen Aufgabenvielfalt, nach dem Schwierigkeitsgrad der Rechtsanwendungen oder des Umfangs der Prozesse. Umso komplexer das Prüffeld ist, desto wahrscheinlicher ist es, dass spezifische Fehler und/oder eine zunehmende Fehlerhäufigkeit zu erwarten sind.

Korruptionsrisiko

Das Korruptionsrisiko wird durch die Verlagerung von Entscheidungskompetenzen gefördert. Dies folgt aus der Dezentralisierung der Ressourcenverantwortungen. Ein Korruptionsfall stellt eine nicht ordnungsgemäße Aufgabenerledigung dar. Diese führt zu einem Imageschaden der Behörde sowie eventuell zu einer möglichen Beeinträchtigung der Zielerreichung.

Organisationsveränderungen

Die organisatorische Veränderung in der Verwaltungsstruktur oder die Veränderung von Prozessen können aufgrund neuer Gegebenheiten und der daraus folgenden Unsicherheiten bei der Anwendung ein Hinweis für ein erhöhtes Prüfrisiko in einem Prüffeld sein.

Personalwechsel

Der Personalwechsel steht oftmals in einem engen Zusammenhang mit den Veränderungen in der Organisation, weshalb man diese beiden Kriterien auch zusammenfassen kann. Dabei besteht zum einen ein Risiko bei dem Wechsel von Führungskräften, da mit neuen Führungskräften auch oftmals andere Strukturen und andere Arbeitsweisen verbunden sind. Zum anderen könnte eine hohe Fluktuationsrate ein Hinweis für ein erhöhtes Risiko sein, da die

Ursache für die Personalwechsel tieferliegende Probleme in dem Bereich sein können. Neue Mitarbeiter müssen sich erst in die vorhandene Arbeitsweise einarbeiten. In der „Einarbeitungszeit" entstehen häufig Fehler. Außerdem zeigt eine hohe Fluktuationsrate, dass in diesem Prüffeld anderweitig Komplikationen auftreten, die Ursache für den Personalwechsel sein können.

Zeitabstand zur letzten Prüfung

Bei diesem Kriterium wird unterstellt, dass in Abhängigkeit des Zeitabstands der letzten Prüfung eines Prüffeldes das Risiko variiert. Je länger eine Prüfung zurückliegt, desto größer ist die Ungewissheit über die Ordnungsmäßigkeit der Abläufe und möglichen Fehlerquellen.

Zustand des internen Kontrollsystems

Dieses Kriterium wird ausführlich in der vorliegenden Arbeit diskutiert (vgl. S.33)

1. Wie viele Einwohner hat Ihre Stadt bzw. handelt es sich um einen Kreis?

- 20.000 bis < 50.000 ☐
- 50.000 bis < 100.000 ☐
- ab 100.000 ☐
- Kreis ☐

2. Wurde bereits auf das Neue Kommunale Haushalts- und Rechnungswesen (NKHR) umgestellt?

Ja ☐   Nein ☐

3. Welche Bezeichnung trägt Ihre Organisationseinheit?

- Rechnungsprüfungsamt ☐
- (Interne) Revision ☐
- Stabsstelle Rechnungsprüfung ☐
- Sonstige (Bezeichnung):

4. Inwieweit sind Sie zur Erstellung einer (Jahres-)Prüfungsplanung für Schwerpunktprüfungen mit dem Konzept einer „Risikoorientierten Prüfungsplanung" vertraut?

- Gar nicht ☐
- Habe schon davon gehört ☐
- Habe mich schon (intensiver) damit befasst
  ☐
- Wird für die Auswahl von Schwerpunktprüfungen verwendet ☐

5. Angenommen Sie müssten sich für maximal sechs der nachfolgenden Kriterien zur Risikobeurteilung von Prüffeldern entscheiden. Welche würden Sie auswählen?

XVII

a) Anzahl der Buchungen ☐	h) Komplexität des Prüffeldes ☐
b) Anzahl der Mitarbeiter ☐	i) Korruptionsrisiko ☐
c) Außenwirkung/polit. Bedeutung ☐	j) Organisations- & Prozessveränderungen ☐
d) Ergebnis der letzten Prüfung ☐	k) Personalveränderungen ☐
e) Finanzvolumen ☐	l) Zeitabstand zur letzten Prüfung ☐
f) Hinweise und Beschwerden ☐	m) Zustand des IKS ☐
g) IT-Umfeld/EDV-Risiko ☐	Sonstige:

Dezernat I
Oberbürgermeister Klaus Muttach

Dezernat II
Bürgermeister Dietmar Stiefel

Büro Oberbürgermeister mit Abteilung Öffentlichkeitsarbeit
Karin Bürk
Helga Sauer

Rechnungsprüfungsamt
Brigitte Wick

Stabsstelle Recht
Dr. Björn Eisel

Fachbereich 1	Fachbereich 2	Fachbereich 3	Fachbereich 4	Fachbereich 5	Fachbereich 6	Fachbereich 7
Oberbürgermeister Klaus Muttach	Zentrale Steuerung und Bürgerservice	Soziales, Kultur und Sport	Finanzen	Baurecht u. Hochbau/ Bauverwaltung	Stadtplanung und Tiefbau	Technische Betriebe
	Uta Funk	Hans-Peter Vollet	Rolf Schmiederer	Bürgermeister Dietmar Stiefel	Rolf Bertram	Ralf Volz

Fachgebiete

Ortsverwaltungen	Fachgebiete (FB 2)	Fachgebiete (FB 3)	Fachgebiete (FB 4)	Fachgebiete (FB 5)	Fachgebiete (FB 6)	Fachgebiete (FB 7)
Fautenbach Gebhard Glaser	2.1 Zentrale Dienste Uta Funk	3.1 Jugend, Schulen und Vereine Hans-Peter Vollet	4.1 Haushalts- und Rechnungswesen Rolf Schmiederer	5.1 Baurecht Michael Gegg-Seidler	6.1 Stadt- und Umweltplanung Carlo Frohnapfel	7.1 Städtische Betriebe / Bauhof Werner Lehmann
Gamshurst Hans-Jürgen Morgenstern	2.2 Bürgerservice Hubert Kloos	3.2 Kindertages-einrichtungen und Soziales Klaus-Dieter Kramer	4.2 Steuern und Gebühren Mario Stutz	5.2 Hochbau und Bauverwaltung Rainer Oberle	6.2 Tiefbau Georg Straub	7.2 Eigenbetriebe Technik Ralf Volz
Großweier Helmut Huber	2.3 Sicherheit und Ordnung Arno Sackmann	3.3 Kultur Prof. Joachim W. Lemme	4.3 Stadtkasse Heidi May			
Mösbach Gabi Bär	2.4 Feuerwehr Michael Wegel	3.4 Stadtarchiv Andrea Rumpf	4.4 Eigenbetriebe Verwaltung Matthias Heußer			
Önsbach Christine Rösch		3.5 Stadtbibliothek Beate Eisele-Wössner	4.5 Wirtschafts-förderung und Liegenschaften Christian Zorn			
Sasbachried Christian Zorn						
Wagshurst Ulrich Berger						

Anlage 5: Prüfungslandkarte des RPAs Achern

Prüfungslandkarte Rechnungsprüfungsamt Achern	Zustand des IKS	Finanz-volumen	Komplexität des Prüffeldes	Veränderungen P&O & Prozesse	Ergänzungs-kriterium	Risikowert Gesamt	Turnus
Gewichtung:	30%	20%	20%	20%	10%		
THH1 Verwaltungsmanagement							
1110 Steuerung							
1111 Organisation und Dokumentation kommunaler Willensbildung							
1112 Steuerungsunterstützung/Controlling							
1114 Zentrale Funktionen							
1120 Organisation und EDV							
1121 Personalwesen							
1122 Finanzverwaltung, Kasse							
1123 Justiziariat							
1126 Zentrale Dienstleistungen							
1130 Presse- und Öffentlichkeitsarbeit							
1132 Abgabewesen							
THH2 Sicherheit und Ordnung							
1210 Statistik und Wahlen							
1220 Ordnungswesen							
1221 Verkehrswesen							
1222 Einwohnerwesen							
1223 Personenstandswesen							
1260 Brandschutz							
THH3 Schule und Bildung							
2110 Bereitstellung und Betrieb von allgmeinbild. Schulen							
2120 Bereitstellung und Betrieb von Förderschulen							
2150 Sonstige schulische Aufgaben und Einrichtungen							
THH4 Kultur							
2520 Museen							
2521 Stadtarchiv							
2620 Musikpflege							
2630 Musikschulen							
2710 Volkshochschulen							
2720 Stadtbibliothek							
2810 Kulturpflege							
2910 Kirchen							
THH5 Soziales, Kinder, Jugend und Familie							
1225 Sozialversicherung							
3160 Förderung von Trägern der Wohlfahrtspflege							
3180 Sonstige soziale Hilfen und Leistungen							
3620 Allgemeine Förderung junger Menschen							
3650 Förderung von Kindern in Tageseinrichtungen							
THH6 Gesundheit und Sport							
4140 Maßnahmen der Gesundheitspflege							
4210 Förderung des Sports							
4240 Bäder							
4241 Sportstätten							
THH7 Planen, Bauen, Natur und Umwelt							
1125 Grünanlagen, Werkstätten und Fahrzeuge							
5110 Stadtentwicklung, Städtebauliche Planung							
5111 Flächen- und grundstücksbezogene Daten und Grundlagen							
5210 Bauordnung							
5220 Wohnungsbauförderung und Wohnungsversorgung							
5230 Denkmalschutz und Denkmalpflege							
5410 Gemeindestraßen							
5460 Parkierungseinrichtungen							
5510 Öffentliches Grün/Landschaftsbau							
5520 Gewässerschutz/Öffentliche Gewässer							
5530 Friedhof- und Bestattungswesen							
5540 Naturschutz und Landschaftspflege							
5610 Umweltschutzmaßnahmen							
THH8 Zentrales Gebäudemanagement							
1124 Gebäudemanagement, Technisches Immobilienmanagement							
THH9 Wirtschaft, Liegenschaften und Tourismus							
1133 Grundstücksmanagement							
5310 Elektrizitätsversorgung							
5320 Gasversorgung							
5330 Wasserversorgung							
5550 Forstwirtschaft							
5551 Landwirtschaft							
5730 Allgemeine Einrichtungen und Unternehmen							
5750 Tourismus							
THH10 Allgemeine Finanzwirtschaft							
6110 Steuern, allgemeine Zuweisungen und Umlagen							
6120 Sonstige allgemeine Finanzwirtschaft							

Anlage 6: Prüfungslandkarte mit Produkten

	A	W	X	Y	Z	AA	AB	AC
	Prüfungslandkarte Rechnungsprüfungsamt Achern	Zustand des IKS	Finanzvolumen	Komplexität des Prüffeldes	Veränderungen P & O & Prozesse	Ergänzungs-kriterium	Risikowert Gesamt	Turnus
2	Gewichtung	30%	20%	20%	20%	10%		
3	THH1 Verwaltungsmanagement							
4	1110 Steuerung							
6	1111 Organisation und Dokumentation kommunaler							
9	1112 Steuerungsunterstützung/Controlling							
14	1114 Zentrale Funktionen							
25	1120 Organisation und EDV							
31	1121 Personalwesen							
32	112101 Personalbedarfsdeckung							
33	112102 Personalbetreuung							
34	112103 Ausbildung							
35	112104 Fortbildung							
36	112105 Bezügeabrechnung							
37	112106 Freiwillige soziale Leistungen							
38	112107 Arbeitsschutz und Arbeitsmedizin							
39	112108 Aufwendungen für die Gesamtverwaltung							
40	1122 Finanzverwaltung, Kasse							
48	1123 Justiziariat							
54	1126 Zentrale Dienstleistungen							
61	1130 Presse- und Öffentlichkeitsarbeit							
67	1132 Abgabewesen							

Bei der vorliegenden Prüfungslandkarte werden beispielhaft anhand des Teilhaushaltes 1 und der Produktgruppe 1121 „Personalwesen" die jeweiligen Produkte aufgeklappt. Die Produkte lassen sich bei der entwickelten Prüfungslandkarte bei allen Produktgruppen einblenden.